dieter m. gräf (hrg.)

ZUCKUNGSBRINGER

neue literatur rhein-neckar

... das sehr verspätete
geburtstagsverzückchen für
Angelika, zum 14.5.1990...
ganz herzlich,
Deine Monika

FLUGASCHE-Verlag

edition walfisch

FLUGASCHE-Verlag

Herausgeber der edition walfisch: Reiner Brouwer

ISBN 3-925286-15-2

edition walfisch
1990 Stuttgart
Satz: Günther Freunek, Bonn
Herstellung: UWS-Druck, Stuttgart
Umschlagdruck: Fantasia-Siebdruck, Stuttgart
Umschlagdesign: Claus Beck, Leonberg
Illustrationen: Sabine Holz, Stuttgart

Inhalt

EINLEITUNG

ZUCKUNGSBRINGER beschränkt sich auf Texte von Autoren, die im Rhein-Neckar- Raum arbeiten, aber bemüht sich nicht darum, einen repräsentativen Querschnitt zu bieten: Es sollte weder ein name dropping veranstaltet noch ein Forum für vereinserprobte local heroes geschaffen werden. Gesucht wurden insbesondere suggestive, schräge und experimentelle Texte, die in den 80er Jahren entstanden sind und die in diese Zeit passen; besonders willkommen waren Texte, die mit nicht-linearen Strukturen rhythmisch arbeiten: eine innovative Literatur, die dennoch witzig und unterhaltsam ist. Die Anthologie hat Kernstücke und Ränder, die aber so gewichtet sind, daß der Leser die Möglichkeit hat, selbst Schwerpunkte zu setzen. Die meisten Autoren dieser Anthologie wurden in den 50er/60er Jahren geboren, was keineswegs als Beschränkung auf Nachwuchsdichter zu verstehen ist, sondern sich aus dem Versuch erklärt, Ansätze eines neuen Literaturverständnisses zu zeigen.

Auffallend ist, daß ein beträchtlicher Teil der hier vorgestellten Schriftsteller die konventionelle Form des Buches und die der Lesung in Frage stellt, daß die Tendenz zur intermedialen Arbeit im Rhein-Neckar-Raum stark ausgeprägt ist. jörg burkhard hat seit einigen Jahren seinen Schwerpunkt von der Buchpublikation zum Live-Hörspiel hin verschoben, seine Auftritte basieren auf einem von ihm entwickelten Sound-System aus größtenteils ausgedienter Audio-Hardware, die – repariert, modizifiziert und miteinander verkabelt und über Tastaturen steuerbar – mit Hilfe eines O-Ton-Kassettenparks wie eine Schreibmaschine zu bedienen ist: akustische Literatur in den Grenzbereichen zur Performance und zur experimentellen Musik. Der Live-Charakter steht im Vordergrund, das Speichern ist von sekundärer Bedeutung, das Festlegen eines Textes in Buchform von tertiäter. Auch bei thomas gruber erhält der gesprochene Text einen zunehmenden Stellenwert, seine Lesungen kommen in Performancenähe, und die gedruckten Texte sprechen für seine Vorliebe, neue Wege in der Literaturvermittlung zu suchen – grubers erste Publikation ist kein Buch, sondern eine vom Berliner Buchkünstler Dieter Wagner gestaltete Schachtel mit Einzelblättern, Künstlerbüchern, Kompositionsseiten und Aktfotografien; sie ist kaum in Buchhandlungen zu finden, sondern wird auf Kunstmessen gehandelt. Fast alle Publikationen von Rainer René Müller haben bibliophilen Charakter und beziehen Arbeiten von Künstlern mit ein, die Auseinandersetzung mit der bildenden Kunst gehört zu den Interessensschwerpunkten dieses Lyrikers, der auch mit Videomachern zusammengearbeitet hat. Zwei der Autoren agieren (nicht nur) im Kabarettbereich – Thomas C. Breuer steht in der Tradition des literarischen Kabaretts, Christian Habekost bezieht sich auf die orale Tradition der in Jamaica und England beheimateten „Dub Poetry", die er mit politischem Kabarett, in das auch Songpassagen und Tanz integriert sind, verbindet, und zwar in einer Mannheimer Variante. Steffen Herbold schreibt nicht nur Prosa, seinen bisher größten Erfolg hatte er im Musikbereich, als „Herbold&Schnörr" den Nachwuchswettbewerb der Deutschen Phonoakademie gewann und u.a. als Vorgruppe von Heinz Rudolf Kunze verpflichtet wurde. Die 1968 geborene Brigitte Schroeder veröffentlichte neben Gedichten auch Illustrationen in Independent-Zeitschriften, und sie ist Mit-Organisatorin von Underground- Festivals mit Punk, Wave, Performance, Kunst und Theater. Markus R. Weber verbreitet in seiner Zeitschrift „Goethes Rächer" außer Texten junger, bislang unbekannter Autoren auch Comic-Zeichnungen, Thomas Hirsch arbeitet mitunter im Bereich der visuellen Poesie, Klaus-Martin Stürmer konzipierte mit anderen eine multimediale Veranstaltungsreihe, Gela Kramb trat bislang ausschließlich als Galeristin in Erscheinung, Monika Köhn ist Autorin und Malerin.

Die literarische Struktur des Rhein-Neckar-Raumes verändert sich, eine neue Autorengeneration macht auf sich aufmerksam. Während Ende der 70er und Anfang der 80er Jahre in Mannheim die Zeit der gesellschaftlich engagierten Vereinsmeierei war – anläßlich von Literaturzirkussen quälten spätberufene Dichter nichtsahnende Insassen von Straßenbahnen, ließen Luftballons mit aufrüttelnder Poesie auf unbeschwerte Kinder herab, die nach der Rücksendung eines Abschnittes mit selbstfinanzierten Bändchen überrascht wurden –, sucht die neue Autorengeneration verstärkt jene überregionale Wirkung, die einige Heidelberger Schriftsteller schon seit Jahrzehnten haben. An die Stelle der Verbandsmentalität tritt der Wille zur projektbezogenen Zusammenarbeit, ohne Statuten, Taktieren, Abstimmungen und Kompromisse, an die Stelle von „Für jeden etwas"-Veranstaltungen treten Projekte, die sich um klare Konturen bemühen. Die Mechanismen des Literaturbetriebs werden keineswegs unkritisch reflektiert, aber es besteht die Tendenz, sich dort letztendlich durchsetzen zu wollen. So kommt es, daß beispielsweise im „Luchterhand Jahrbuch der Lyrik" nicht nur Michael Buselmeier vertreten ist, sondern mittlerweile auch Monika Köhn, die darüber hinaus in „Akzente" und der

„Zeit" vorgestellt wurde, thomas gruber, der u.a. in „L' 80" und „Sprache im technischen Zeitalter" veröffentlichte, und Hans Thill, der zusammen mit dem ebenfalls in Heidelberg lebenden Kritiker Michael Braun bei „Wunderhorn", dem einzig relevanten belletristischen Verlag des Rhein-Neckar-Raums, eine stark beachtete Anthologie zur deutschsprachigen Gegenwartslyrik publizierte. Rainer René Müller wurde mit dem Leonce-und-Lena-Stipendium der Stadt Darmstadt, mit einem Arbeitsstipendium des Deutschen Literaturfonds und einem Aufenthaltsstipendium des Berliner Senats ausgezeichnet, Monika Köhn erhielt das Baldreit-Stipendium und den Baldreit-Preis der Stadt Baden-Baden, Thomas C. Breuer und Gilbert Fels wurden mit Arbeitsstipendien der Kunststiftung Baden-Württemberg gefördert. Auch der mittlerweile in Heidelberg lebende Johann Lippet, ein Autor rumäniendeutscher Herkunft, erhielt mehrere Preise. Der Anthologiebeitrag von Gilbert Fels, ein Auszug aus dem von der Kunststiftung prämierten Text, ist seine erste Veröffentlichung; zahlreiche andere hier vertretene Autoren sind bislang nur verstreut in diversen Publikationen und Magazinen vorgestellt worden.

ZUCKUNGSBRINGER wurde im Sommer 1989 ausgeschrieben und zusammengestellt. 75 Autoren stellten Beiträge zur Verfügung, 21 sind in der Anthologie vertreten. Die Publikation wird durch die Stadt Mannheim gefördert. Ich danke Gisela Krauß, der Leiterin des Mannheimer Kulturamtes, die dieses Projekt ermöglicht hat, und thomas gruber für seine Unterstützung. Aus einem seiner Gedichte ist der Titel der Anthologie entnommen.

Dieter M. Gräf, September 1989.

Thomas C. Breuer
ARCHE '90

Wir waren einfach auf dem falschen Dampfer gewesen. Weltuntergang, Sintflut... nach den Strapazen der letzten Jahre, nach dem völligen Kahlschlag der Wälder, dem Kippen der Flüsse, den Hungerkatastrophen, den islamischen Kriegen hatten diese Worte fast schon etwas Tröstlich-Verheißungsvolles: *Weltuntergang! Sintflut!* Alles würde reingewaschen werden. Mit Riesenwaschkraft!

Wir waren vorbereitet. Seit Jahren hatten wir auf die Stunde X gewartet. Vor Wochen waren wir schon an Bord gegangen. Georg, der sich an Bord nur mit George anreden ließ, hatte einen abgetakelten Oceanliner auf Vordermann gebracht. Jetzt hatte jeder seine Aufgabe. Dreiundzwanzig Semester Survival- Training warteten auf ihre Bewährung. Dann endlich, nach tagelangem Warten, fischte Susanne, die an Bord nur Susan genannt werden wollte, die Flaschenpost aus dem Wasser: der Tag der Arche! Es konnte losgehen. Wir hatten uns das so vorgestellt, daß Noah einfach das Kommando über unser Boot übernehmen würde. Es gab schließlich kein besseres. Oder daß wir komplett als Crew zur Arche rüberwechselten. Er mußte sich nur um die Tiere kümmern. Sonst hatten wir für alles gesorgt. Es regnete unablässig. Denn man tau!

Die schönste Kreuzfahrt seit den Kreuzfahrern. Wir hatten fantastische Archetypen an Bord: die Offiziere sahen alles ein wenig wie James Stewart aus, schlimmstenfalls wie Rod, und unsere Stewards alle wie mindestens Sascha Hehn. Rudi war unser fegender Holländer, der für klar Schiff sorgte, und Mandy Winter hatten wir als blonden Passagier angeheuert. Im romantischen Flutlicht sollte sie die Mannschaft motivieren. Mandy hieß übrigens eigentlich Birgit. Bei Ebbe und mieser Stimmung sollte Heinz ein paar Runden schmeißen. Am Heck mühte sich Wilhelm, der immer nur Billy genannt werden wollte, mit einer Angelrute von Hemingway'scher Dimension ab, wenngleich die Chance gering war, einen Sägefisch ausgerechnet im Trockendock zu erwischen. Der Rest der Crew machte einen auf „Marx Bros. auf See". Wir genossen die leichte Brise aus Südwest und die Milchprodukte der Molkerei auf der Bounty. Wenn unser Piratensender einmal in der Stunde *Ein Schiff wird kommen* über den Äther jagte, fingen sie achternbusch zu tanzen an.

Wir wollten einen *fröhlichen* Neuanfang proben. Wir dachten, daß die Menschen nach all den Katastrophen das Recht auf Kurzweil hatten. Seitdem herzlose Manager das ehemalige „Traumschiff" an die DDR verhökert hatten, war es mit der Menschheit bergab gegangen. Jetzt sollte alles besser werden, Noah konnte kommen. Damit wir nichts vergaßen, hatte sich jeder von uns fünfundzwanzig bis dreißig Knoten ins Taschentuch gemacht. Noah mußte nur das mit den Viechern checken. Wir hatten für sie immerhin das komplette Unterdeck vorgesehen. Die Jungs hatten Tag und Nacht geschuftet. Als die Anlage stand und Heinz eine Runde geschmissen hatte, staunten wir nicht schlecht: Eine Art Veterinärabteilung der Schwarzwaldklinik hatten die Burschen da hingezaubert, mit rettenden Strohhälmen für die Endausscheidungen, denn gut Dung wollte Weile haben, mit ausreichend Auslauf für Lassie, Fury, Rintintin, Flipper, A-Hörnchen, B-Hörnchen, Alf und wie sie alle hießen. Und möglicherweise gelang es Noah sogar, da oben den guten alten Grzimek loszueisen... Wir würden uns riesig freuen und ihn umgehendst Bernie nennen.

Noah würde nicht gerade rübergesurft kommen, soviel war klar. Andererseits konnte die Arche '90 schlecht ein alter Seelenverkäufer aus Holz sein. Wir waren so gespannt... ! Irgendwas Zeitgemäßes hoffentlich! Wir hatten vergebens versucht, ihn irgendwie zu kontakten, per Funk, Bordcomputer, Telefax, IC- Kurier. Der macht es aber spannend, sagte George und schmiß eine Runde. Susan meinte, NOAH sei bloß eine Abkürzung für ein Computersystem, zum Beispiel *National Orbit Arch Homecomputer*. Bullshit, sagte Billy und schmiß eine Runde. Es war gegen zwölf Glasen. Irgendwo jaulte eine Heulboje. Wir fühlten uns irgendwie unbehaglich, und auch irgendwo. Und dann hatten wir ihn plötzlich auf unserem Radar. Es sollte Stunden dauern, bis wir ihn endlich sahen. Wir schwitzten. Die Luft wurde dünn, denn irgendwelche Luftpiraten hatten den kompletten Sauerstoff entführt. Susan bekam einen Kabinenkoller. Auf dem Zwischendeck randalierten irgendwelche Archnasen. Die Arche! Rudi sah sie als erste und schmiß zwei Runden. Von wegen zeitgemäß, von wegen Homecomputer! Es war ein knallrotes Motorboot! Nichts kam vor vom Komfort der Titanic, und häßlicher war das Ding als Andrea und Dorea zusammen! Bei denen da oben mußte eine Schiffsschraube locker sein! Wie sollten wir da alle draufpassen? Und der Mann an Bord sah eher wie Rasputin aus. Wir fühlten uns verarcht.

„Mor-gen!" rief Noah fröhlich, und sein weißer Bart vibrierte in der Luft. Rudi checkte es als erster. „Wir müssen noch die Tiere fassen!"

„Was für Tiere?" rief Noah. „Tiere kannst du vergessen, Alter!"

„Wieso, was ist mit den Pferden?" – „Abgeschafft!"

„Den Kühen?" – „Die haben die Überdosen nicht vertragen!"

„Was ist mit den Vögeln?" – „In die Luft gejagt!"

„Den Nashörnern?" – „Standrechtlich erschossen!"

„Ja, gibt es denn keine Tiere mehr?" – „Doch", sagte Noah. Einer von uns sollte drüben nachsehen. Wir bestimmten Rudi. Er war kreidebleich, als er zurückkam. Wir bedrängten ihn. „Was hast du gesehen?"

„Den Rest vom Schützenfest! Es gibt tatsächlich ein paar Tiere", sagte er. „Zwei schwule Pekinesen, einen Wellensittich mit Gelsenkirchener Akzent, aber bei dem ist das Haltbarkeitsdatum überschritten!"

„Was sonst noch? Es muß doch irgendwas Fortpflanzungsfähiges...!?"

„Jaaa...", sagte er gedehnt. „Zwei Paar Küchenschaben und diverse Ratten, die sich aber standhaft weigerten, das Schiff zu verlassen!"

„Wir müssen Noah rüberholen!" sagte der naßgeregnete Heinz und schmiß eine Runde. „Es wird allmählich ungemütlich." – „Oder sollen wir zu ihm kommen?" fragte Renate und schmiß auch eine Runde.

„Tja... das soll ich euch ausrichten", sagte Rudi und schmiß keine Runde. „Menschen nimmt er keine mehr mit. Das hat er *einmal* gemacht, und es hat nichts gebracht."

„Warum zum Teufel ist er dann überhaupt gekommen?" fragte Billy bei der nächsten Runde. „Hat er sich einen Kat einbauen lassen oder was?"

„Er sagte nur, er sei rasch bei der *Interboot 90* gewesen, um sich ein paar neue Modelle anzusehen", sagte Rudi.

Nicht zu fassen! Wir waren ausgebootet! Bald war Noah nur noch ein winziger Punkt am Horizont. Wir saßen fest auf dem Trockendock, vor uns die Sinftflut! Und noch dazu auf dem falschen Dampfer. Das kam erschwerend hinzu!

Hans Thill
ZIVILE ZIELE

Jeder Dritte schwingt ständig seine Leiche
über die Schulter man hat Brustwarzen wo früher
Orden saßen. Ein Schatten verkauft seinen Mann.

Aspirin plus: Man fürchtet Tiere rosten
auf der Straße sprüht sie ein. Wer macht jetzt
ihre Arbeit? Wer andererseits zappelt

in der Tasche stellvertretend? Schweigen zieht
sich lang im Arm. Ein Schatten der sich
keinen Mann mehr leisten kann? Sein

Hunger nach grau gerastertem Licht? Die zwölf
Stationen der Schmerztablette: Einer flieht
vor seinem musikalischen Kopf die nächste ringt

mit ihrer krachenden Hüfte ein dritter springt
von seiner Brust in der es bellt undsoweiter.
Selten jedoch fällt einer unter der farmazeutischen

Last. Man leuchtet auf das Opfer
dann wird gezielt. Beweglich? Tragbar die Strecke
bis zum Hubschrauber? Solche Fragen einmal

gestellt befindet man sich schon im
tropischen Regenwald. Kein Schatten verkauft
deshalb seinen Mann! Opfer wissen nicht

wofür sie stehen und doch klebt es
wie Blutdruck in ihren Gesichtern, Noch
unverkauft spazieren sie in Wäldern das

macht den Topf nicht fett. Man schluckt
also wieder man trägt also wieder
das Schulterglück

ANDERE fallen vom Finger durchbohrt
stehen auf keiner Tafel kaum hielt
sie ein Liebestöter in seinen
Gewässern. Ohne Lobby

keine Schrift die man nicht mit Bedauern
auspackt. Die positive Aussage
des Fingers heißt Hunger an jedem
Glied und Fieberfluß den auch kein

Schwamm mehr ausdrückt. Wer spricht
aber dann wer jammert unablässig
sein Ichbinnichtwürdig? Und mit
Hilfe welcher Technik

kommt der Finger als ein Beispiel
aus der Wolke? Deutet er auf den
Betrachter rührt ihm im Hirn herum?
Der die Vögel

ungespitzt in die Luft klebt
die Nachbarin welche ein Fenster ist
auf den Balkon lockt der klopft
an jedes Holz

PASSAGIERE steigen aus dem Abgas
ihr endliches Geflatter biegt um Ecken
wie ein Flugobjekt ihr Federhakeln Klatschen
um den schwarzen Kopf: Die Ersten unter
uns sind Passagiere Pickel im Gesicht
an Schultern hochgerissen und bepackt
mit Aufbruch

wieviele unter uns sind Wasser
bis zum Hals und jeder hängt
an sich herunter wie ein Sack. Doch warten wir
daß eine Wolke über unsere Schläfe wischt
und drehen lauter wenn es nächtlich gurgelt: Chöre
aus der Nachbarschaft wie sie starten landen
in alle Richtungen

ehemals existierender Himmel.
wo täglich Zungen schwerer werden! Wieviele
unter uns sind Mannschaft tittenfrei und
aufgehalst müssen sich eine Erdnuß teilen
im Notfall. Gefragt wohin will keine Antwort
kommen. Kratzt sich am Reblandkopf der Deutsche
der Hals

hängt ihm zum Hans hinaus
kaum geschminkt fährt man zurück in seinen
unsichtbaren Käfig. Wieviele sind dann Vögel
unter Passagieren? Wo sich seit langem niemand
in Betrachtung oder gar sitzend versunken
sehen ließ: Echte Vögel das
fremde Loch

vor dem sich alles drängt
beflügelt kann man Friede heißen oder Hansi.
Wir aber knistern mit Papiergesicht
anstatt zu landen wo einmal Stadt war
und aus der Asche: hoppla Vögel! Wieviele
Namen standen wieder auf vom Gras gebissen!
Man trägt

uns alle Winde zu man schweißt
auch Felder unter unseren Blick und niemand
war je wohler als wir Passagiere. Kein Ich so zahlreich
zwischen Federn zu stopfen. Mit gelegentlichem
Flöten Zungenrascheln im Auftrieb
kein weiteres Flugding das sich so für
uns verbürgt

KEINER der den Toten auf die Füße trat.
Niemand will in ihrer Sonne sitzen. Dabei
störte auch kein Kleingeld die berühmte
Mittagsruhe: Fleisch im Gras! So heißt
es weiter Sauerstoff vom Asphalt kratzen

und plärren: Stroh im Körper dem Pferd.
Wenige aber humpeln auf ihrem Marmorfuß.
Und wer umgekehrt kracht im Statuenflug
gegen Brücken und wird nicht erschlagen
oder doch? Wenn Modetote fahren steckt

im Fleisch der Schlüssel (sagen wir zu mir).
So steht es noch auf unseren grüngestreiften
Gräbern ohne Chrom. Wer aber läßt
das Wasser ab das in uns denkt? Wo
ihn nur die Mutigsten auch finden.

Was mit all dem Dreck der einmal
Pferd war? Und wenn er auf Strümpfen
kommt? Wenn er dreimal läutet?
Wer schreibt dann die Schuhgröße auf?
Wer gibt ihm den verdienten

HOB er nicht sein Streifenbein,
wo heute Zimmerpflanzen? Hat einer
– beim Mitsingen vielleicht allererste Kraft –
ihn verschaukelt gegen eine Schutzgebühr?

Wieder kommt Schauinsland, sein theoretisches
Schmunzeln. Jeder wollte sich
an seinem Fleck verdünnen. Wem war er
zu genügsam, wem zu fett gekleidet

über dem alten Gips seiner Liegestütze:
Körperimitation! Haben sich drei
Kältegrade auf seinen symbolischen Kopf
geschafft? Tropfte er nicht noch vom Dach,

als Passanten über Klagelinien huschten,
Scheinwerfer im Gepäck! Wo deutlich
hörbar – Flügel über Scheren -
der Nabel kaum an einem Faden hing.

War er uns nicht Umbruch, Kinderstimme,
stoffliches Ohr? Fuhr er nicht in Schirme
wie ein Totentag, verjagte den Zahnschmerz
aus dem Klavier? Werden Probebohrungen folgen?

Markus R. Weber
DAS GERÄUSCH

I
Drei Männer sitzen um einen Tisch. Der Raum ist lang und oval. Der Wald atmet durch die Fensteröffnungen. Der Mond macht das Licht dunkel. Das Rauschen der Welt hängt zusammengeballt in einem Netz unter der Decke.

II
Die Männer spielen. Sie legen die Karten offen. Alois siegt. Holz knarzt. Im Dunkeln wird eine zweite Partie gegeben. Kausel steigt aus. Im Hintergrund sitzt ein stilles Tier auf der Treppe.

III
In einem Palast heißen schillernde Fische den Tag willkommen. – Die Tür der Hütte öffnet sich. Die Männer treten heraus. Sie tragen Rucksäcke und Wanderstäbe. Brenno hat sich die weiche Haut eines Tieres vor die Brust gehängt. Alois trägt das kleine Netz, dem nichts passieren darf.

IV
Sie schreiten tüchtig aus. Sie wandern den ganzen Tag. Ihre Welt ist ein Wald. Ihre Stäbe stechen Gucklöcher in den Boden. Kausel geht eine Walzermelodie nicht aus dem Kopf. Keine Frau begegnet ihnen. Aber es tropft von den Bäumen.

V
Gegen Mittag kommen sie an den Resten eines Dorfes vorbei. Es riecht nach Rauch. morsche fritten – tönendes Licht – forsche titten – stören uns nicht. Einige Kinder spielen auf dem Weg. Sie haben keinen Sinn für Katastrophen. Brenno schenkt ihnen einen Skorpion. Die Kinder drängeln sich um das zappelnde Tier.

VI
Alois – Brenno – Kausel – A – ba – kus! ruft Brenno.
So rechnen Nilpferde nicht, sagt Alois. Du Nieswurz!
Alois zeigt Brenno ein Blatt, das er gefangen hat. Es lebt noch. Es hat Locken an den Rändern. Kausel ist schon vorausgegangen.

VII
Ich habe eine poetische Idee, sagt Alois. Kausel bleibt stehen. Sein Atem wölkt. Denk dran, sagt er streng. Er weist auf das Netz. Die Kugel hat sich verfärbt. Alois' Scham hat silberne Kanten. Er senkt den Blick in die Tasche.

VIII
Im Palasthof ist der Winter nicht so mild. Es ist eiskalt. Es ist totenstill. Alle Geräusche frieren zarte Glaswände an. Der General ist festgefroren. Beim Arschwischen hat ihn der Eiswind überrascht. Die blaue Prinzessin hat einen hauchdünnen Willen. Wo die Männer nur bleiben? Sie schreitet durch kristallene Buchstabenreihen. Eine schöne Glasgendarmerie!

IX
In der Nacht hat Brenno eine Vision. Es ist ganz hell. Es ist gar **nicht** weit. Zwei nackte Hände stehlen sich durch einen stillgelegten Windkanal. Sie gehören einer Frau in einem langen Gewand mit nichts darunter. Die Frau ist schön. Die Kugel nehmen und verschwinden, denkt Brenno. Kausel legt Alois einen nassen Lappen zwischen die Schulterblätter. Also ist der Tod in der Nähe.

X
Die Männer gehen eine ganze Woche. Ihre Gedanken stehen senkrecht. Ihre Gefühle werden grün. Blond wehen ihre Kronen. Sie nähern sich dem Großen Geräusch. Die kleine Kugel in Alois' Netz beginnt leise zu pochen.

XI
Sieh mal an! ruft Brenno. Eine Bergwand mit drei Öffnungen erhebt sich vor ihnen. Die heißen Löcher unserer geschiedenen Frauen! rufen Alois und Brenno wie aus einem Schließfach. Kausel hat andere Sorgen. Wäre nur mein Fragezeichen nicht so vorheutig! klagt er. Bittere Worte für einen solchen Mann!

XII
Die Männer werden unruhig. Schon lange hören sie das Vibrieren. Sie nähern sich ihm. Die kleine Kugel gärt und tropft. Sie ist kaum noch zu halten. Kausel braucht keine Wanderkarte. Die Sonnenuhr kann ihn nicht täuschen. Er geht auf den Horizont zu. Er hat es eilig. Er nimmt die letzte Anhöhe. Seine Augen platzen auf. Es ist der Palast mit den summenden Wänden!

XIII
Sie haben sprichwörtliches Pech. In einem schwarzen Tonweg kleben ihnen die Stiefel an.
Es ist ein schwarzer Tag für die Prinzessin. Der General taut auf. Er reißt ihre schwarzen Haare. Er brüllt wie ein Ochse. Er zerrt sie in das Innere des Palastes.

XIV
Sie sind zu spät gekommen. Die sieben Tage waren gestern vorbei.
Drei Eckzähne bluten im Schneematsch.
Brenno stürzt seinen Rucksack.
Alois wirft den Meisenknödel von sich.
Kausel wird der Nachfolger des Generals.

Steffen Herbold
ÜBER DEN GANG DER TRÄUME

– Denn in den Räumen dieser
Wunderwelt ist eben
nur ein Traum das ganze Leben.

Calderon, Das Leben ein Traum

– Eine Nacht? Und war ein Leben.
– Eine Nacht. Es war ein Traum.

Grillparzer, Der Traum ein Leben

Erwachen mit dem Traum im Genick und den Tag mit dem Traum überstehen und die Nacht mit dem Traum im Genick beginnen und mit dem Traum im Genick in den Schlaf wo aus dem Traum im Genick und dem mit dem Traum im Genick überstandenen Tag wird ein neuer Traum aus einem Traum im Genick und einem mit dem Traum im Genick überstandenen Tag und erwachen mit dem Traum im Genick der ein Traum aus dem Traum im Genick und dem mit einem Traum im Genick überstandenen Tag ist und den Tag überstehen und dies malnehmen mit den Träumen und den Tagen seit Beginn der Rechnung und das Gewicht im Genick über den Daumen peilen und den überstandenen Tag beenden und die Nacht beginnen mit den malgenommenen Träumen und den malgenommenen Tagen seit Beginn der Rechnung und dem über den Daumen gepeilten Gewicht im Genick und erwachen mit dem Traum aus den malgenommenen Träumen und Tagen und dem über den Daumen gepeilten Gewicht im Genick und den Tag mit dem Traum von den malgenommenen Träumen und Tagen und dem über den Daumen gepeilten Gewicht im Genick im Genick überstehen und den Wittgenstein zitieren:
Nenn' es einen Traum, es ändert nichts.

DAS GEFÜHL EINER ENDLOSEN AUSDEHNUNG

Elf Bilder aus einem Film

1

Lissabon. Ein Zimmer in einer kleinen Pension. Halbdunkel, innen. Robert sitzt schweigend vor seiner Schreibmaschine. Er trägt ein weißes Hemd und eine dunkle Hose, das Hemd ist bis zur Brust geöffnet. Sein Thema ist das restlose Verschwinden. Die Jalousien sind halb geschlossen, durch das offene Fenster dringt verhaltener Straßenlärm. Geräusche und Stimmengewirr. Es ist drückend heiß. Auf dem kleinen Holztisch steht eine Nachttischlampe, daneben liegen Zigaretten, Feuerzeug, ein Schlüsselbund und eine portugiesische Zeitung. Die Maschine steht auf einem zweiten Stuhl. Robert nimmt Doppelzimmer, weil er in dem ständigen Glauben lebt, es könne überraschend jemand kommen. Er trinkt aus der Bierbüchse, die neben ihm auf dem Boden steht.
Was Robert tut, ist das Schreiben von Geschichten über das plötzliche Verschwinden von Personen. Es ist sein Traum, Geschichten über das plötzliche Auftauchen von Personen zu schreiben.

2

Eine Straße in Lissabon. Tag und außen. Der Augenblick eines Traumes. Mit ihrem Blumenkleid, der Sonnenbrille und den weißen Handschuhen kommt sie ihm entgegen, Robert erkennt sie sofort: Es ist Victoria.
Er dreht sich auf der Stelle um und läßt sie an sich vorbeigehen. Sie ist nicht allein. Robert beobachtet in einem Schaufenster, wie sie mit der Freundin ein Café auswählt. Wäre es nur Nacht, denkt er. Im Schutze der Dunkelheit könnte er ihnen unerkannt nachlaufen. So aber, in der Helligkeit des Tages, bleibt er stehen und verfolgt im Glas, wie sich die beiden Frauen einen Tisch suchen und sich setzen.
Bald erkennt er an den Blicken und Gesten der Freundin, daß sie auf ihn aufmerksam geworden ist und über ihn spricht. Robert zieht sich zurück. Victoria hat sich nicht nach ihm umgesehen.

3

Das Zimmer in der Pension. Robert stützt sich mit den Unterarmen auf die Schreibmaschine. Victoria ist jetzt bei ihm. Er fragt sich, wie er sich in ihr Haus schmuggeln kann, aber er glaubt nicht, daß es ein großes Problem sein wird. Er legt den Kopf in seine Hand. Er wird sich irgendwie Einlaß verschaffen, denn er liebt sie.
Robert ist überrascht, daß entgegen seinen ärgsten Befürchtungen noch niemand verschwunden ist.

4

Die Villa. Nacht, innen. Sie sitzen beim Essen. Victorias Mann redet. Er spricht von kommenden Projekten und kühnen Plänen. Mit weit ausladenden Gesten beschreibt er die Aufmärsche des Geldes. Laut lachend zitiert er Napoleon: Ich mache meine Schlachtpläne mit dem Geist meiner schlafenden Soldaten. Robert nickt anerkennend. Er nutzt jeden Augenblick, in dem die Aufmerksamkeit eines anderen Gastes gefordert wird, um Victoria anzusehen. Sie ist still, weil Robert am Tisch sitzt. Alle merken das. Robert beobachtet sie aus den Augenwinkeln, wie er das immer machen mußte, aber gerade die für den Beobachter unauffälligste Art der Beobachtung ist für die Beobachter des Beobachters die auffälligste. Victorias Mann beginnt einen behutsamen Angriff auf Roberts Ehrgefühl. Nachdem er am Anfang des Abends bereits längere Zeit von seiner Bibliothek gesprochen hat, kündigt er nun für den kommenden Tag eine längere Flugreise geschäftlicher Art an, die ihn in die Vereinigten Staaten führen wird. Er, Robert, müsse unbedingt in den kommenden Tagen Victoria besuchen, sie würde ihm sicherlich gerne die Bibliothek zeigen. Warum tut er das?
Er will sich selbst quälen. Wenn er im Flugzeug sitzt, will er Höllenqualen leiden. Er will den Bogen überspannen. Er liebt das Risiko.

5

Die Villa. Tag und innen, später außen. Nachmittag. Robert steht verlegen in der großen Halle. Das Mädchen ist in den ersten Stock gelaufen, um Victoria zu holen. Weil man sich in großen Hallen aber nie völlig alleine fühlt, benimmt er sich.

Das heißt: Er tut Dinge, die ihn in den Augen eines angenommenen Beobachters in einem günstigen Licht erscheinen lassen. Er steckt die Hände in die Hosentaschen und schlendert an den mit Bildern geschmückten Wänden entlang. Er bleibt vor einer eingetopften Palme stehen und gibt vor, sich für die einzelnen Blätter zu interessieren. Er runzelt die Stirn, legt den Kopf in den Nacken und prüft mit seinen Blicken die Befestigung des Leuchters, der an der Decke im Sonnenlicht glitzert.
Alles Absicht, Robert ist nervös, die Hände in den Taschen zittern. Beherrschung hat er jahrelang geübt. Er hat sich im Geiste gezüchtigt, er hat geflucht, gespuckt und gebissen, wenn er sich bei hellichtem Tag auf offener Straße mit der Miene eines Blödsinnigen ertappt hatte. Er hat sich erzogen. Nun aber kommt Victoria. Sie trägt ein weißes Kleid und schreitet die Treppen hinab. Ihre linke Hand läßt sie auf dem breiten Marmorgeländer herabgleiten. Auf das Benehmen folgt die Inszenierung. Kaum ist eine zweite Person im Spiel, rechnet man mit einer Unbekannten. Victoria geht gerade in einem solchen Abstand vom Geländer, daß ihr brauner Arm fast gestreckt ist. Das verleiht ihrem Auftritt zusätzliche Würde, und sie weiß das. Sie will Robert mit ihrer Würde jeden Mut nehmen.

5/II

...Es ist warm und hell. Victoria trägt hohe Absätze, das ist Robert nicht gewohnt. Sie geht auf ihn zu. Schön, daß du gekommen bist, sagt sie und streckt ihm lächelnd die Hand entgegen.
Robert drückt ihre Hand keinen Augenblick zu lange. Auch er lächelt. Es ist warm, warm und hell, warm und hell, redet er sich ein und sagt: Ich freu' mich auch.
Victoria weiß in diesem Moment, daß sie ihm den Mut genommen hat. Sie gehen hinaus in den Garten und setzen sich an einen weißen Tisch, der unter einem großen weißen Sonnenschirm steht. Das Mädchen bringt Kaffee.
Robert und Victoria betrachten die weite grüne Rasenfläche. Robert dreht vorsichtig die Augen und sieht Victorias Arm auf dem Tisch liegen. Victoria bemerkt das nicht, sie weiß es. Sie dreht sich ihm zu und sagt etwas.

6

Verlorener Mut wird gewöhnlich Anstand genannt und dem Mutlosen hoch angerechnet. Aber jeder Anständige wird früher oder später hinterrücks belächelt.
Victoria stiftet Robert zum Raubmord an. Mit ihren Blicken weckt sie den kriminellen Trieb in Robert. Er wird Victoria ihrer Treue berauben und die Illusion des Weißen und Makellosen von diesem Haus nehmen. Er wird den weißen Sonnenschirm umwerfen, auf ihm herumtrampeln und ihn dem Erdboden gleichmachen.
Was ist denn? fragt Victoria.
Nichts, antwortet Robert, schüttelt den Kopf und nimmt einen Schluck Kaffee. So ein Unsinn, denkt er.
Victoria lächelt. Ihm fällt ein alter Witz ein: Der Weg zu dieser Seele führt zwangsläufig über diesen Körper. Er spürt, daß er Victoria will, was auch immer damit gemeint sein mag. Was nun? Victoria fordert neue Spielregeln: Willst du jetzt die Bibliothek sehen?
Lassen wir die Bücher, sagt er und betritt damit das heiße Pflaster der Kriminalität.

7

Jetzt sehen sie sich an und das ist Betrug. Wenn Victorias Mann im Flugzeug überhaupt plötzlich zusammenfährt, wenn ihm überhaupt ist, als höre er etwas, wenn er sich überhaupt umdreht und aus dem Fenster dorthin stiert, wo er Lissabon vermutet, dann jetzt.
Robert fühlt, daß er Kraft hat. Warum sie die einfachsten Gefühle am schwierigsten zu beschreiben? Er will. Seine Absicht ist ihm klar und deutlich vor Augen. Victoria hat ihm eine letzte Chance gegeben, Robert hat seinen Mut wiedergefunden.
Er hebt seine Hand, als wolle er sie grüßen. Victoria streckt ihm ihre entgegen. Ihre Finger greifen ineinander, als falteten sich die Hände einer Person. Victoria sagt: Das Mädchen ist schon nach Hause gegangen.
Innen. Sie liegen in einer engen Umarmung und halten sich fest. Sie wollen sich nie mehr verlieren. Robert schmeckt Victorias Haut, er legt seinen Kopf in ihre Hand. Sie reiben sich aneinander, als wollten sie sich unter die Haut. Sie breiten sich aus. Sie flüstern Worte. Es ist das Gefühl einer endlosen Ausdehnung. Er über ihren Körper, ihre Körper über die ganze Welt.

8

Pension. Innen. Wie kann man, wenn man sich ausdehnt, über das Verschwinden von Personen schreiben? Robert liegt auf einem der beiden Betten in seinem Zimmer und überdenkt seine Lage. Er möchte strahlen und seufzen. Er hat sie zurückgewonnen. Er hat das Gefühl von Anwesenheit. Er weiß, daß er genau jetzt auf die Straße hinaustreten könnte, ohne den Eindruck zu haben, die Frage nach seiner Anwesenheit sei ziemlich gleichgültig. Er fühlt sich zielgerichtet. Sich schämen! Damit ist jetzt Schluß. Ich liebe dich, denkt er. Er befindet sich gedankenlos im Irrtum. In seinem Glückstaumel lustwandelt er von einem Mißverständnis ins nächste. Er merkt nicht, wie sollte er auch, daß Victoria in ihrer Villa sitzt und neue Spielregeln erfindet, um zu retten, was zu retten ist, und dabei mit den Tränen kämpft. Robert indessen strotzt vor Optimismus. Das Selbstbewußtsein nach einer bestandenen Mutprobe. Ein Robin Hood der einsamen Herzen. Victoria beseitigt die Spuren der Tat. Robert benimmt sich, als habe er Beute gemacht. Victoria schluchzt, aber sie kommt zu sich. Robert denkt lächelnd an weißgekleidete Menschen auf sonnigen breiten Straßen, Victoria wechselt die Bettwäsche.

9

Die Villa. Tag und innen. Die Aufklärung eines Irrtums. Am nächsten Morgen, das Mädchen öffnet die Tür. Robert geht durch die Halle in den Garten.

Der Garten. Tag und außen. Victoria kniet auf dem Rasen. Sie spricht mit zwei Jungen, die vor ihr stehen und aufmerksam zuhören. Als sie Robert bemerkt, schickt sie die Kinder weg. Robert und Victoria begegnen sich auf dem Rasen. Sie will es kurz machen. Robert ist verwirrt. Verschwinde.

Robert antwortet nicht. Es war immer sein Wunsch zu verschwinden. Es war schön, sagt Victoria. Robert nickt. Man müßte jetzt einen Pudel neben ihn stellen, die Trauer wäre perfekt. Was nun?

Robert muß weg. Wärme und Helligkeit schaden auf die Dauer. Robert ist beleidigt. Er bemerkt nicht, daß Victoria schwankt. Er geht. Victoria beißt die Zähne zusammen. Das Verschwinden in der Ausdehnung könnte Liebe sein.

10

Gower, die walisische Halbinsel, ist manchmal ein einsamer Ort. Tag, außen. An ihrer äußersten Spitze ist die Grenze der Welt, und es ist wenig bekannt, daß der, der dort zu lange steht und aufs Meer hinausschaut, erstarren und sich nie wieder umdrehen wird. Über dem Gelände übt die Royal Air Force. Robert und Victoria sitzen verlassen im Gras am Ende der Landzunge und beobachten, wie unter ihnen die Brandung gegen die Felsen schlägt. Robert hat sich tief in seinen Mantel vergraben. Ab und zu reckt er den Hals aus dem hochgestellten Kragen und läßt sich den eiskalten Wind ums Gesicht wehen. Victoria ist bei ihm. Er spürt, wie die Böen an seinen Haaren zerren. In einem dieser Momente dreht Victoria den Kopf und reibt ihre kalte Nase an seiner Backe. Er sieht sie an, sie lächelt. Robert wühlt sein Gesicht in den dunklen Spalt, der zwischen ihrem Hals und dem Schal klafft. Er atmet auf ihre Haut. Hier, so beschließt er, wird er eine ganze Weile bleiben. Das Geräusch der Brandung und die Wiesen, auf denen sie sitzen. Der Himmel leuchtet in einem überirdischen Licht. Ein Düsenjäger. Es gibt keine Chance. Der Norden ist ein Ort zum Verschwinden.

11

Ein leeres Zimmer. Tag, innen. Robert auf einem Stuhl, an der Decke eine Lampe, sonst ist der Raum leer. Der Traum ist zu Ende. Robert schließt die Augen. Er hört Vögel und manchmal ein Auto, das kurz abbremst und dann weiterfährt. Weit darunter liegt ein hoher Summton. Robert weiß nicht, woher er kommt. Dieser Ton aber ist sein Leitfaden. Mit ihm wird Robert immer leiser. Die Schritte eine Frau auf der Straße, ein Widerhall. Robert ist, als falle er durch ein Gitter.

Thomas Hirsch
KOMPOSITION/DIKTION

Torhüter sind groß. Sie haben lange Arme.
Wasserballer sind groß. Sie müssen richtige Bären sein.
Basketballer sind groß. Sie springen sehr hoch.

Wenn Basketballer nicht sehr hoch springen, können sie trotzdem riesig sein.
Dann sind sie oft nicht große Basketballer.
Nur selten bestätigt die Ausnahme die Regel.

Wenn Rennfahrer vorsichtig fahren, können sie schlechte Erfahrungen gemacht haben.
Dann fahren sie oft nicht schnell, sondern vollkommen anders.
Nur selten sind sie schlechte Fahrer, aber sie taugen oft nicht zur Elite.

Die Elite ist der Sesam öffne dich.
Die Elite ist der Schlüssel zum Erfolg.
Die Elite ist der Platz an der Sonne.
Die Elite ist die Beständigkeit in Person.
Die Elite ist die einzig Wahre.
Die Elite ist die besondere Note.
Die Elite ist das Licht, das Leben spendet.
Die Elite ist das Wort in Gottes Ohr.
Die Elite ist das Non plus ultra.

Wenn Wasserballer schnell untergehen, können sie trotzdem richtige Bären sein.
Dann werden sie oft nur kurz eingesetzt, aber sie können schnell schwimmen.
Nur selten bestätigt die Ausnahme die Regel.

Wenn Galopper ihr Pferd schlagen, dann können sie das unvernünftig tun.
Dann kommen sie oft nicht schneller vom Fleck, nur irgendwie anders.
Nur selten lieben sie ihr Pferd, aber sie taugen oft nicht zur Elite.

Die Elite ist der Stachel, der im Fleisch sitzt.
Die Elite ist die Karawane, die in die Wüste zieht.
Die Elite ist der Einstieg ins nächste Jahrtausend.
Die Elite ist der Hahn im Korb.

Die Elite ist der Knoten, der platzt.
Die Elite ist das Boot, in dem alle sitzen.
Die Elite ist die Frau an seiner Seite.
Die Elite ist die große Unbekannte.
Die Elite ist der Anfang vom Ende.

Wer A sagt, muß auch B sagen.
Ahoi, sagte die dicke Berta.
Wo das A und das O ist, sagt Hans-Otto, ist die Elite.

Der Weg führt immer über die Elite.
An der Elite führt kein Weg vorbei.
Die Elite blickt stur geradeaus,
denn Stillstand heißt Rückschritt,
von Rückschritt ganz zu schweigen.
Aber die Ausnahme bestätigt die Regel.

Ein Schiedsrichter, der falsch pfeift, pfeift falsch.
Er ist der falsche Mann am falschen Ort.
Nichts an ihm ist richtig, er hat immer unrecht.

Er ist ein Arsch mit Ohren.
Er ist ein dummer Hund.
Er ist eine Pflaume.
Er ist ein Saftsack.
Er ist ein Kotzbrocken.
Er ist eine Nylonstrapse.
Er ist ein Schieber.
Er ist ein Schleimscheißer.
Er ist eine Zumutung.

Wenn der Schiedsrichter nicht will, kann der Basketballer noch so hoch springen.
Wenn der Schiedsrichter nicht will, kann der Rennfahrer noch so schnell fahren.
Wenn der Schiedsrichter nicht will, kann der Wasserballer noch so ein Bär sein.
Wenn der Schiedsrichter nicht will, kann der Galopper noch so sehr sein Pferd lieben.

Wenn der Schiedsrichter nicht will, können ihn alle.
Wenn der Schiedsrichter nicht will, kann er alle.

Der Schiedsrichter hat einen Namen und der Name spricht für sich.
Mit dem Schiedsrichter kommt auf Schritt und Tritt Unglück.
Das Spiel steht und fällt mit dem Schiedsrichter.
Alle sind erleichtert, pfeift der Schiedsrichter ab.
Der Schiedsrichter pfeift ab.

Tilman Weber ist siebenundzwanzig. Seit sieben Jahren Nummer eins
bei Westfalia Daute. Pokalfinalist, Traditionsklub, einhundertsiebenund-
siebzigtausend, gute Nachwuchsarbeit. Weber
ist einseinundsiebzig groß, sie nennen ihn Zwerg Spinne. Aber
Weber ist ein As. Heute hält er jeden Elfer.

Wolfgang Krämer
PEEP • PEEP

Test! Test!: Eins-zwo, eins-zwo:: Okay! Die Hu.re zieht sich an und aus; wer stöhnt in ei.nem frem. den Bett? Die Hu.re spielt mit Katz und Maus; im Her.zen klap.pert ein Ske.lett: Tri-tra-jungle-man, beim Preis hast du genickt; Peep-pa-poo, jetzt endlich wird gefickt. Teils Brust, teils War.zen ab.ge.nagt, Ro.man.ti.ker sind weit ver.reist; ihr Herz hat je.dem ab.ge.sagt. der nicht ro.man.tisch zahn.los beißt. Und jetzt alle: Tri-tra-jungle-man, beim Preis hast du genickt; Peep-pa-poo!, jetzt endlich wird gefickt. Nur Pup.pen schnur.ren auf dem Bock, so neh.men Lie.der ih.ren Lauf; nur Ske. let.te tra.gen ei.nen Rock, die Her.ren Na.ger ach. ten drauf. Okay! Alle zusammen!:: Tri-tra-jungle-man, beim Preis hats du genickt; Peep-pa-poo, jetzt endlich wird gefickt. Die Sehn.sucht, nachts warm in mei.ner Hand, wird auf mei.nen Kör.per ab-ge-spritzt; die Ein-sam-keit, in die-sem Land, wird in mei-nen Kör-per ein-ge-ritzt. Tritradrumm!, dieser Liebe nehm ich's krumm! Jetzt ist der schwar.ze Kaf. fee warm, und ist in ei.ner Stun.de kalt; schon ist die gei.le Sehn.sucht lahm, und ist in ei.ner Stun.de alt:: Tritradrumm!!, dieser Sehnsucht nehm ich's krumm! Jetzt ist die wei.ße Tas.se warm, und ist in ei.ner Stun.de kalt; noch seid ihr sat.ten Na.ger zahm, und seid in kei.ner Stun.de alt: Tritradrumm!, beim Preis hast du genickt. Tritra-jungle-man, jetzt endlich wird gefickt! Okay! Okay! Okay!, Edge, play the Blues!!

Jürgen Wöhl
FRAUENTAUSCH

Spiel in einem Akt

Personen:

Mheier
Zaugar
Zimya
Exe

Ort: Wohnzimmer bei Mheiers
Zeit: Jetzt

(Mheier. Zaugar)

Mheier: Laß nie eine schönere Frau als meine dein sein.

Zaugar: Warum? Mein Bett ist mein Bett.

Mheier: Will ich sie, durch Erektion ermuntert, unter mich nehmen, muß sie ruhen, ihrer Schönheit wegen. Habe ich Entspannung nötig, zieht sie ihr Durchsichtigstes an und erscheint mit Katzenschritten vor mir.

Zaugar: Schlimm ist das. Wutschreie helfen nichts?

Mheier: Ich weiß es nicht einmal. Ihr Auftreten spannt meine Hose wie Stahl. Dem ist nichts entgegenzustellen. Nicht von mir.

Zaugar: (nach Momenten des Nachdenkens) Eine Idee kam mir. Wir machen einen Frauentausch. Du bekommst meine, ich deine zu freier Verfügung.

Mheier: (erwägend) Schlecht scheint das nicht.

Zaugar: Eine Wette sogar kann sich dem anschließen.

Mheier: Wie sähe sie aus?

Zaugar: Deine Frau richte ich dir zur Unterwürfigsten aller ab. Du verwandelst meine in eine sexuelle Bestie. Wir wetten, es geht nicht.

Mheier: Für intelligent mußte ich dich stets halten, doch nun schließt du zum Genialen auf.

Zaugar: Betrug muß ausgeschlossen sein. Jeden muß ein Kamerateam begleiten, das alle Bewegungen in Bild und Ton festhält.

Mheier: Nicht weniger muß verlangt werden. Dann stellen wir das Gedrehte zu Filmen zusammen und zeigen es der Stadt gegen Geld.

Zaugar: Dem ganzen Land, wenn gewollt.

Mheier: Ob aber unsere Frauen Einverstandene sein werden?

Zaugar: Deine wohl, auf Abenteuer immer aus. Meiner kann ich befehlen.

Mheier: Ich werde Zimya rufen. Wenn sie in Laune ist, kommt sie. (geht zur Tür, öffnet sie, ruft leise den Namen seiner Frau)

Zimya: (nach Minutenfrist erscheinend) Es rief?

Mheier: Puudar gefiele ein Frauentausch.

Zimya: Einen Männertausch nur kannst du meinen.

Mheier: (zögerlich) Ja, ich tue solches. Kann dein Einverständnis als Möglichkeit behandelt werden?

Zimya: Es kann, weißt du die Umstände interessant zu gestalten.

Zaugar: Dafür lasse mich nur sorgen.

Zimya: Ich tue es, dich kennend. Weiteres an dir kennenzulernen bin ich begierig.

Mheier: So wird es getan werden.

Zaugar: Und alles werden die Nachgeborenen in Erfahrung bringen.

Zimya: Wie?

Zaugar: Auf Leinwand, wochenlang festgehalten.

Zimya: Werden aber, glaubst du, die Beschauer ihr Warmes zurückhalten können?

Zaugar: Werden sie es müssen?

Zimya: Ich fragte dumm, verzeih.

Mheier: In der Zeit eures Dialoges setzte ich ein Papier auf, das alles festhält. Der Moment für die Unterschriften ist günstig.

Zimya: Ja, dergleichen vermagst du.

Mheier: Puudar, auch deine Frau muß zeichnen.

Zaugar: Was ich will, tut sie, seit fast ihrer Geburt.

Mheier: Lege das Papier ihr nur vor.

Zaugar: Gib und freue dich. Schön wird es werden.

Mheier: Mein Penis zog Flüssigkeit. Eure Entschuldigung. (steht auf)

Zaugar: Zu jeder Zeit. (Mheier verläßt die Bühne)

Zaugar: Einen Mann ihn zu nennen, ist solches zulässig?

Zimya: Du sorge nicht. Knetbar meiner Lust, doch zu brechen nicht.

Zaugar: Spielen, das magst du.

Zimya: Wie er. An sein Bewußtes dringen läßt er es nicht.

Zaugar: Hält ihn Angst umfaßt?
Zimya: Nichts anderes wohl. Doch sehe ich ihn, lecke ich die Lippen.
Zaugar: Ich will sie dir feuchten, jede Nacht, jeden Tag.
Zimya: Bis Fristende.
Zaugar: Bis zu diesem. (halb grinsend)
Mheier: (kommt zurück) Es floß ununterbrechbar. Unser Dialog macht das.
Zaugar: Wie wirst du meine Frau erst füllen.
Mheier: Vermagst du solches nicht?
Zaugar: Jeden Morgen bleibt sie samenumschwemmt.
Mheier: Ich will sie in Spermabächen kraulen machen.
Zaugar: Ich telefoniere sie an, ihr Kommen verlangend. (geht zum Telefon, wählt, wartet, spricht): Exe, zu Dreiner , jetzt. (legt auf)
Zimya: Schnell ja kann sie sein.
Zaugar: Man muß seine Frau gestalten können.
Mheier: Seit nahezu ihrer Geburt, sagtest du, bist du ihr bekannt?
Zaugar: Seit erstem Haaresprießen um ihre Lustspalte. Von ihren Eltern dirigierte ich sie weg, meinen Schenkeln zu.
Mheier: Stets gelang dir viel.
(Es klingelt, Mheier geht öffnen, kehrt von Exe gefolgt wieder)
Exe: Ich kam. Was wird gewollt?
Zimya: Wir tauschen unsere Einspritzer.
Exe: Auf lange?
Zaugar: Bis Film für drei Wochen abgekurbelt.
Mheier: Erregt, mußte stets ich Weiblichem gehorchen. Jetzt beginnt Befehlen.
Exe: Oh.
Mheier: „Keuche!" brüllend höre ich dich Laute geben! „Ausziehn!" brüllend sehe ich dein nacktes Fleisch blitzen! „Nieder!" brüllend weiß ich dich zum Abtreter werden. Wir verstanden uns.
Exe: Oho.
Zimya: Puudar, wenig will sie mir gefallen.
Zaugar: Schon der Prügel entwöhnt? So wird Verstümmeln anheben müssen.
Mheier: Jede meiner Klingen leihe ich gerne aus.
Zaugar: Es muß Blutgeruch in die Zimmerluft kommen. (nimmt das

	Messer, das ihm Mheier reicht, hackt auf Exe ein, sie entreißt es ihm, öffnet ihm die Kehle. Blut spritzend bleibt er zurück)
Mheier:	O das ging schlecht.
Exe:	Laßt es reinigen. (wirft das Messer auf den Tisch, geht)
Mheier:	Was ist zu tun?
Zimya:	Befühle dich. Was spürst du?
Mheier:	Den Hosenstoff gespannt wie nie.
Zimya:	So ist die Frage keine mehr. (Sie nähern sich. Der Vorhang fällt)

ENDE

Christian Habekost
DIE VERWONDLUNG

gewidmet
dem antifaschistischen Motorradclub
WILDE HORDE
(...denn sie wissen was sie tun)

Än Uhold
mit schwarz-rot-gold
uff soiner griene Bomberjack
än Hossematz
mit „Ich bin stolz ein D zu sein"
uff soiner Glatz
än Leerschäddel
mit Fahrradkettl
un Eiseknüppel
un'm Hakekreiz uff soiner Hos
un „BRD ist kleiner als Deutschland"
steht gonz bunt
uff'm Halsbond
vun soim Bullterrier-Hund

Verwondlung, Verwondlung
mer nemme'n in Behondlung

erschdens losse ma'm soi Jack
nur des schwarz-rot-gold kummt ab
ZACK
awwer vun de Hos
geht's Hakekreiz ned los
alla: aus die Hos
und weg fliegt'se in de Dreck
De Eiseknippel?
Die Fahrradkett?
Normal mißt ma's ihm zeige
wie des dut
awwer gut
mir sin heit nett

konfisziere nur de Knippel
konfisziere nur die Kett
Awwer in de Eiseknippel
beißt soin Schwoinehund sisch feschd
alla gewwe ma'm de Reschd:
de Knippel nemme mir
mitsomt dem feschdgebiss'ne Tier
und wirble-wirble-wirble'n
grad so rum
bis daß des Eise krumm
Däm Hund werd schwindlisch
er sieht Sternn
iwwergibt sisch
on de neggschd Laternn

Verwondlung, Verwondlung
mer nemme'n in Behondlung:

ferddisch si'ma mit'm faschd
nur die elend Glatz
fallt noch zur Laschd
wer tut des fette „D" wegtätowiere
ach wär ma jetz Indioner
do dete ma'n skalpiere...
– stattdesse schmeiße ma den Wurm
in die Fontän vum Wasserturm
do werd's em ned zuviel
des is jo alles deitscher Jugendstil
do schrubbe ma'm die Glatz
ab mit Persil
owwe-unne owwe-unne
bis des Deitschlond-D verschwunne

Verwondlung, Verwondlung
noch unsrer Behondlung,

steht do kenn
Asylondehetzer
Hakekreizfetzer

Nazischwätzer
mehr
– – – Somschdaachs uff'm Fußballplatz:
„Schiri nach Auschwitz"
(kenn Witz!)
Mondaachs bei de Asylondehatz:
kloppe-kloppe-kloppe
in de Eischbaumflasch kenn Troppe
meh
und druff-druff-druff – – –
kenner meh
Nur noch a Kerllsche
was ziddert, friert und sisch geniert

Awwe hinnedro
die Drohtzieher vun de NPD
de Reps, de DVU un FAP
im Hinnergrund
ohne Eisestong un Hund
awwer mit Ozug un mit Iddeologie
so kumme die
als Owwerstudierat
an derre Schul grad
wo doi Kinner lernne
Was? des hosch ned gernn?!
alla:
verzehl ma ned so aardisch
des Probläm
des löst sisch demokradisch
vun wege!
des Probläm
des löst sisch demokradisch
von wege!

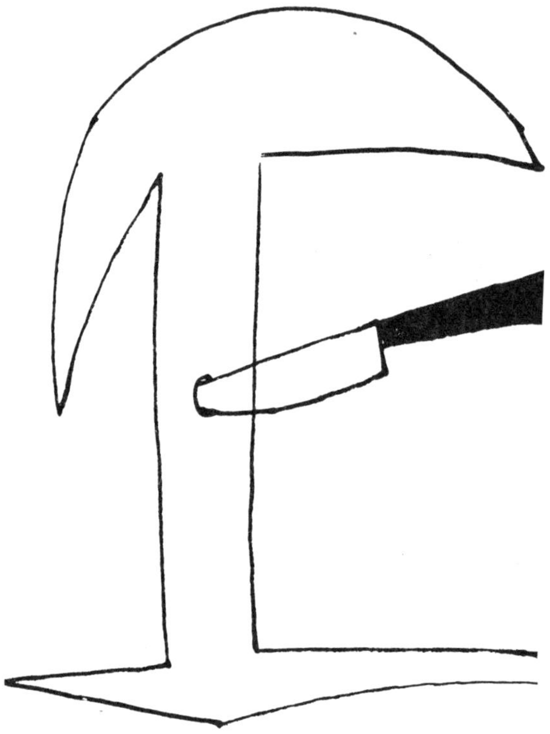

Dieter M. Gräf

LUDWIXHAFEN

...wer jung ist der spritzt sich
(nen Stich machen) den Rhein in die Vene wer...

Die Stechuhr hat den Stecher gemacht
doch die Anilinerhur kriegt keinen
Kochlöffel in ihr rührt der Schornstein
in sie fließt das Wassermesser IMMER RIN
O RIN IN DE ROI NOI bis der Aniliner
(wird abgekürzt) aus dem Fluß kommt
und der aus dem Reagenzglas und 2
Reagenzgläser zueinander (Anstoß!) so
daß ein ICH ins Album (Vögelchen!)
kommt und geht im Maudacher Bruch
(einen machen, abber auch: Knochenfunde)
um und dann DE BACH NUNNER („is der
abber grüüün...") kippt 1 Cocktail
(„der is aber...") RIN IN

...wer alt ist der trinkt ihn.

DER PAPST IN ULAN BATOR

(Buero für angewandten Realismus, Worms 1987)

Damit über der Steckdos (Wackelkontakt)
der Andechserbauch erscheine und dann
die Kugel auf die Scheibe klatscht (nun
auch Kugel) und dann die elektrischen
Mönche die Heiligkuh aufs Kreuz
(„...aus wie neugeborn!") (Segen?)

wodurch der Nagel des Menschenkindes
frischleibe (1. Lackrosamund rostig,
2. Hartgummi pfostig) (Fischbleibe?)
ODER damit eine auf dem Stuhl
pflanzt bis das Wasser den Aggregat
zustand („Herrmotor, wo issn mein
Gasolin...“) („Is dasne Wurst!“)
(„Und was trinkt ER lieber als Wein?“)
DAMIT ALLES IN SCHEIBEN (zum Rundkugeln).

SACCO FÜR VANZETTI

(Gekauft von Johannes Kapp, München-Schwabing 1988)

Kriech die Paläste (-äste?) („is DASN Schuppen
dassind...“) dassind NICHPUTTN AUfensterpuppn
ausm Dschiensballast (1,2,3 Sterne) (-CHEn :
„-ackisch findichdiescheenackisch“) NICH IN DER
KRONE BRECHN sonst kommst in die Solarzelle bis
wieder rotwirst ins engelische Realitätsstudio
-EISSE! SIRENE! („ich heiß Irene? und was
meinstn mit HALBVÖGLN?“) jalogisch bist müd
jetzt stehstabber wiene 1 denn die -ULLEN sind
hinter dir HERrGOTT DIE HINTERTÜR („erst
-ullenzähln!“) isabber kein SCHEIN BLAU (wein)
"FAHNE WEG SIE MIT IHREN RROTLICHTPUH-PILLEN
KOMMNSE MAL IN UNSRE BUH-TICK DA KRIEGENS NEN
LANGENKRAGN SIE SIND DOCHN SCHEITELKERL?"

GEBILDETE KÖRPER

bebilderte flatternde Trizepsschmetter
linge die s-Bienen vorm G-Akt beim

Bankdrücken (1. Auswechseln der Brustmus
kulant 1SPRUCH: „Tortenhur gib mir die Kirsch"
1a Qual I TÄT N FLATTERMUSKEL NIT EINFANGE
WEIL DANN N LATTEMUSKEL 1b fühln der feuchten
-ELLEN ergibt KRIEG KRIEGST weil dann der
Wattemuskel der Banane gegenüber steht
und fällt 1c NTNERGEWICHT aufn Wicht d.h.
1STECKEN -wischen Hirn und -ade)

und dann zurück in den Kuchen (Mutter,Schraubn,
Schere, jaschön: viel TIEEEEERISCH EIWEI
SS sssssssss...)

SCHWERMETALL HANDGEMENGE

und 1 Ritter auf Spikessohlen („mir
ghört der Hintern...") der sich rein
schraubt und reinschnaubt DAS IST
EIN NAGELTIER der Rosttrost und ich
(aus ziehbar) mit Charakter (Panzer,
REICH) und Fernrohr der in die Schwer
metallaugen kommt und dann die F
lecken (alle Urfarben) festhält bis
als Schmetter ling zwischens Papier
der mit den Lungenflügeln wegfliegen
wird der mit den malträtierten Reifen
prüfungen den Speichern für diese
Kiste (Schatztruhe): die Rückseite
vom Nagelbrett (ausm selben Holz?)

ERKLÄRUNG DES SCHÜCHTERNEN KANNIBALEN

(P. Scherzer, nach Diktat vereist)

Seit Wochn nur Wildschirm und Filmsalat (leder
häutige Kopulationsmasch- auf infrarotbeheizten
Terra rassen im Abschuß pro gr Fötneintopf JETZT
GANZWILD GEWORDENER GANZ NASSER SCHIRM ABL-
eckmich am Steckeraus) aufgewischt mitm „Käse
blatt“ (PROTHESENKONSERVN AUFGETAUT! EIWEI
SÜNDTHESE RÜCKLÄUFICH!) und dann zum Zahnarzt
(„... n ANDROID sagens GRINSGRINS abber bei
meim PeeZeh da sagense NEE ...?“) und dann
die Potse runter zum Stecherporsch („willste
DIE oder inner Ampulle?“) und dann ohne H
alt mitm Feinschmeckerex press ICK BRAUCHNEN
SCHWEINSGFÜLLTEN MENSCHENAUFLAUF INNER GE
LENKPFANNE ICK KANNKEIN BLECH REDN !!!

BIERVAMPIR, HERRENTOI-

1 ehemaliger Sportraucher jetztn Gesundkacker HANDDRA
UF „der Dampfbruder isn Spinatbursch" HAND DRAUF und
EIN SCHLAGEN IN PACK P-A-P-I ER ziemlich daneben isn
Inhalierboy „abber janzschön syphatisch inseim Herzmuskl
schört" HANDD RAUF in Gutntachstellung gebracht WISPER
„-wanz mit -eiligenschein wa" WISPER ZISCH „auchson
angebrannter Schweißries son sonnenenergischer" ZISCH
HANDDR AU „Wattdennwatt ne Schluckspechtmaschine aus
-leisch und Salat?" GEN IN PACK GEN IN PACK P-A-P-I

2 (felnd) ZEIGSTMIR DIE GUTE NACHTSTELLUNG UND WARUM
DIE KANACKER INDIE EXOTINNEN UND WO MEINE NATÜRLI-
CHEN
PUTZKÖRPER UND WIE ICH EIN B LAUER PANTHER UND OB
WIR DIE FÜNFPROMILLHÜRD UND WARUM ALLES VOLL-
SCHEISS
UND HANDDRAUF UND WER SO VIEL PACKPAPIER DASS ÜBER
ALL -NEE UN EIS.

jörg burkhard
STOFFWECHSEL & ARTERHALTUNG

ENDE MIT SCHNECKEN

wie ein abgerichtetes tier WOLF im volkswagen in der rush hour zu seinem verbrauchermarkt an der bundesautobahn wie ein abgerichtetes tier familie WOLF in der neuen heimat am tv wie ein abgerichtetes tier MAMMIE MAMMIE WO ISS PAPPIE auf der jagd im verbrauchermarkt an der bundesautobahn GOLDEN TOAST AXEL H-MILCH WHISKAS ALETE FROLIC PAL LEKKERLAND MAGGI LANGNESE SHEBA MILUPA CHAPPI PFANNI LATZ BI-FIT WIESENHOF CHIQUITA LEICHT & CROSS BAVARIA BLUE BIRKEL BIOLAN-GEFÄRBTE-NUDEL PAL DLG-prämierte putenschnitzel mit überklebtem verfauldatum KRÖNUNG NESQUICK FANTA DUPLO KINDERKOLA HANSA-PILS BALLISTO BILD DER FRAU HAKLE FEUCHT JÄGERMEISTER MALTESERKREUZ GORBATSCHOW MULTIVITAMIN KURMARK BLENDAX und die videokassette aus dem Angebot wie ein abgerichtetes tier WOLF aus seinem verbrauchermarkt im volkswagen in die neue heimat HUNGER WIE EIN WOLF tag für tag woche für woche monat für monat jahr für jahr leben lang jede woche drei hundert mark EINES MORGENS WOLF lange in die closchüssel DANN ZIEHT WOLF AB mann warum binnisch eijentlisch nisch beteilischt annem geschäft im volkswagen zu seinem verbrauchermarkt an der bundesautobahn ABER ABER HERR HERR WOLFFF massa lupo der filialleiter sucht unterm schreibtisch den alarmknopf HERRR WOLLFFF massa lupo knopf gefunden HERRR WOLLFFF DASS KÖNNEN SSIE DOCH NICHT MACHENNN HERR HERRR WOLLLLFFFFF WENN SIE HERRR WOLLLLFFFFF IMMER ALLES GLEICH AUFFRESSEN WAS SIE HERRRRR WOHOLLLFFFFFFFFF BEI UNS KAUFEN HERR WOLFF DANN KÖNNEN WIIIIR SIIIIE HERRRR WOLF DOCH NICHT AUCH NOCH UNSERE RENNNNNDITTTTE FRESSSSSEN LASSSSSSEN HERRRRRRRRRR WOOOOOO KLIRR K L I R R I R R IRR IRR irr rr r hausdetektiv knokke wolf elektropeitsche JAWOBLEIBENN SIE DENN MANN KLINGEL SCHON SEIT FÜNNNF MINNUTENN

L Ü H L A H L Ü H L

DIE NATUR DER NATUR
TECHNISCHE SCHATTEN

wie hase igel überall schon da aus steigt nicht zu fassen deutschem boden darf nie nie wieder ein TV aus gehen braunrasierte rasen stücke orts ränder autistenbahnen tronische farbgebung W O T A W O wochentagewolken f l i e g e n v o r b e i WOTAWO wotawo undsofort bahnkörperverletzung die welt verlassen so schön sie nie mehr gedächtnis verblasen das grelle nichts mehr her FUCKING WAY ZWEI aus kassettenrekorder sterbende batterien d-lied hififi von auto bahn weisses rauschen braunes rauschen verkehrs ströme tempostrand aus laut sprechern oder fernstern auto bahn meeres rauschen kaufen und verkaufen endlos UND WIE IST ES MIT DER STRÖMUNGSRICHTUNG SIE WIRD NATURGEMÄSS VOM ÜBERSCHUSS ZUM MANGEL GERICHTET dienatur dernatur dernatur technische schatten unwillkürlich wie abstrakt die natur der natur der natur herr mangel: „..äh istes letztn endes ain au ausdruck des u unvermögens die u umwelt zu begreifen und faßlich darzustellen äh" FAHREN FRESSEN FERNSEHEN FORTPFLANZEN ff ff fast forward: „..äh bei beobachtungen des rauschens kann sich häufig auf eine einfache quadratmäßige mittelwertigkeit beschränkt die regellosen zeitunabhängigkeiten einer rauschgröße etwa im folgenden ausdruck..äh..gehmse ma hejah frollain schramm.." herr mangel hypertym: „..u undas rauschen wird einfach in erster linie primo linea äh störend betrachtet sollte man äh nie vergessen daß sich äh beim rauschen die wirklischkeid von ihren gesetzmäßischgeiden drennd äh äh.." denise schramm ins wort UHUNDES DAHARUMÖGLICH IST alle im chor KUMMT AIN VOCHL EFLOCHN SETZISCH AUS DEM RAUSCHEN ETWAS ÜBERTAGSÄCHLICHE VORGÄNGE ZU er sie es FAHREN STRASsenbahn FAHREN regen FAHREN merzedess hundertneunzig SS „der gleiche vorgang bei beethoven im exakten tinnitus blaues rauschen grünes rauschen goldenes rauschen orangen rauschen feldgraue rauschen..." fahren fressen fernsehn fortpflanzen ff ff PAUSE dann kommt lange nichts HALLO HERR KIES kommt bausparkassenwart herr kies stimmungssplitterbombe stimmungskiller abgerissenes viertel hier baut die brd recherchierte bananenrealität binär kleinlautsprecherstimme aus japanischem dictator: „ssoll ich Ihnen mal was sagen?" „jjja!" „Sie reden zuviel" fünfter fünfter fünfundfünfzig unvergessen auf sekunde muß o'linis niederkunft der neue bahnhof sondereingeweiht zehngleisig reisende mit traglasten rollendes material KEIN AUSGANG bahnwachtmeister manfred beißmann mit schäferhund „tunte" lässt sich kurz mah blikken sons NIEMAND draussen fällt der erste schnee sich umzubringen gesamtgesellschaftlich unerwünschtem personalmaterial visuell in klammer QUALITÄT nahegelegt vom allgemeinen public design A P D auspuffgehabe siff geschlossene heimwerkerabteilung abtritt marsch passauf der doc beim exTD ted: „liechstu aufm menaknopf tutahn rest immah drai minuhtn lang fuachbah weh HALLOH HEJAH KIEHS!" „hallo herr kieehs!" „HAHLOH HEHAH KIEHIE" notruf einhundertzehn brandsatzleiter mike spritzle: „adolf eins bittäh kommähn in babenhausen brennt aine strassenlaternäh ähnndäh rotschah knack" „addoff ahinns verrsta'n'dänn änndäh roger knackack..." peripherie volksempfänger VERSTANDEN ENDE ROGER LAHLÜHLAHLÜHL nahtlos schweissarbeiten übergehend/lagert tieffliegerfrequenz buntes rauschen simultan helikopter heimbohrwerk dauersinus tinnitus 17 kHz ENNDE KNNACK KKkk

FROZEN CITY TRANS

ZOMBOMBIE
FROZEN GIRLS

after einer serie von nestories zum aufquellen in papier die bewegung gleichmäßigen gehens fahren des blicks der fahrende blick beim gleichmäßigen gehen visage auf panoramakopf gelagert die wissenschaftlichen leiter der zoologischen gärten vierbeinervollzug und die zuchtbuchführerin die zuchtbuchführerin ute künstliche-befruchtung von drei aus totem trakt gebrochenen gorillamännchen king kang und kong ins auto gezerrt von vorn von hinten allen seiten pausenlos vergewaltigt „kahmir zun ohren raus Sie!" der erste sekretär vom tierschutzverein fand die zuchtbuchführerin ute künstliche- befruchtung bei einer routinedurchsuchung im kofferraum ihres merzedes modell rommel gorillas in einer nahen bar aufgegriffen inwischen wieder einzelhaft fünfundzwanzig mal lebenslänglich und 100 jahre solang die deutsche zuchtbuchführerin besteht wird jede mutter rechts gedreht und plötzlich plötzlich roch es wie immer an dieser stelle ziemlich nach hundescheiße der erste sekretär vom tierschutzverein blieb stehn im nächsten schein der laterne guckte schuhsohlen an PFUI damit kommt man ja nirgends mehr rein im dunkeln auf schmalem fußweg wegen radfahrergefahr zu nehmen gezwungen zwei mehr oder weniger weibliche herrenmenschen mit hund „bärle" breit wie blond lassen den ersten sekretär vom tierschutzverein weder links noch rechts vorbei also denkter MITTENDURCH bleibt in hundeleine hängen „bärle" vorwurfsvoll große augen WATNLOSMANN! „oh entschuldigung wauwau" entschuldigt sich vielmals bei „bärle" BITTE BITTE NISCH BEISSN von den schnallen stupid davongezerrt „sohwas...fliegisch über hunneleine..."

DER VIERTE MANN

drei abbilder des schöpfers, ein freigekaufter, ein rucksackdeutscher und doktor böhm, ambulante kundenbetreuer der städt. verkehrsbetrugs AG berufstypisch in freizeit-c&a jacke/hose/hütchen karatemäßig adrett sauber höflich der vierte mann typ „sozialfall" eben krankgemeldet war mit seiner jutetasche beim kommandomäßigen entern des triebzugs der linie 14 neun uhr einundvierzig am ergonomisch wie mit absicht fehlangebrachten dreckbehälter am bedarfshaltepunkt samantharing-ost hämatom am hals lalü triebzugführer sofort über eurosignal blaue samariter hick ab geht die fahrt DU BISS DOCHN 'EGER! entschoudigoung isch bien ämericänör KÄNER WASS? „eh doggda schaunse mah!" WATNLOS MIM BIMBO! „nix bimbo die senjohrin mach schwierischgeidn" SOLL IHRE BANKVERBINDUNG ANGEBEN! „jawoll doggdah!" DOCKTAH DA BIMBOH ISS WECK! „WATTEN WATTEN hick!" kleinlautsprecherstimme „nächste haltestelle wanzenweg" alle mann raus DA DA LÄUFTA JAH! ein friday wie jeder andere: samantha in ordinären slips vorn plast hinten cotton: „das mädchen mit der netzstrumpfhose in den etwas zu hochhackigen schuhen soeben in linie vierzehn eingestiegen mit abgenutzter braunledertasche und zweispalten „notarzt-nicole-alpenrose-dreiromane-in- einem" findet platz vor einem studentendarsteller der kurz verständnislos seine frischgewaschenen haare die auf einmal über der lehne vor ihm auftauchen und bleiben „grundformen der angst“ heißt sein zweispaltenroman ostentativ in bildung befindlich „dann wurde es auf einmal einsam in der bahn niemand mehr“ bloß ganz vorn saß noch einer die bahn immer schneller immer schneller bis sie zum stillstand kam aus kleinlautsprechern samantha ohne netzstrumpfhose im ordinären slip vorn plast hinten nix su erkennen

WEHRN KRATZA NISCH EHRD ISSER BEULE NISCH WEHRD

(Der Letzte Dreck)

I AUF GROSSER FAHRT NACH MARL

"deja deja bleib liehng bissi bollitzei komm..." adam opel fuß auf fritz walkmann im augenblick als adam opel mal kurz auf'n gehweg wegen nymphomanin serena krönung gucken mußte fritz walkmann vor den wagen haufen passanten stellte sich dazu "eh wassnda su kuckn..." fritz walkmann letzte worte hugo domestos aus der menge trat ihn aus "dehn hadsabba ejawischd..." stefanie pflegespülung mit ihrer elephantitis platz für zwei zugucker "mann kannick auch mah kuckn..." patrick hauchdünn ellenbogen von stefanie pflegespülung in die rippen

II SITTING BULL IN LIMBO

"hi tec..." adam opel fuß von fritz walkmann "nettassuh komms" bull tec aus der wanne schildmütze auf restfrisur blick in rückspiegel "womma man schahdn besehn..." "dah ahm kühlah issn kratzah un dah vojahne dah dah lieschtah..." "allet klah...dehn müssn wa nisch mejah puhstn lassn..." bull tec fritz walkmann also dem kleiderhaufen vorm opel stiefel innie fresse.

III WEIL ES ALLERHÖCHSTE ZEIT WIRD

"na tec...wie wähs mid sluckie" adam opel zwei jägermeister aus dem handschuhfach "alled pahleddie bihnjahim diensch..." schraubt einmannportion auf "eh obbl hasse noche kohlah..." "na klah abba immah..." "KNACK" "KANACKACK..."

IV SCHADENSREGULIERUNG

PATRICK HAUCHDÜNN NACH VORN hugo domestos zerrte ihn zurück "eh mann kannickauch ein hap..." "hau ap mann binneschäffdisch..."

V SPURENSICHERUNG

"was machemer nuh mihdehm kratzah dah vojahn..." "obba kejahl woohl vasischahd waah......" "kuckoch mah obba pahpiejahräh bei sisch haad......" bull tec fritz walkmann auf den rücken "wiehien mahjiekäähfah..." stefanie pflegespülung geht einer ab "sohajinah haddoch kahiehnäh bahbieräh..." "NEE DU......dejah haad wirklisch kajihnäh......mussu sehn wejah dihjah dehehn grazzah bäsaahld......"

VI HERIBERT

heribert der mösenschoner lachte JA heribert gut lachen heriberts schwarzer daimler neben opel flügeltüren weit offen "ALSCHOH... SCHIEHPMAN REINN..." herr ibert zu kuddel waschbär erledigte die drecksarbeit und plötzlich ein morgen wie jeder andere grau und verzerrt

FIRST LIVE IN ZOMBOMBIE

je breitbandiger was wir desso wenischer kannu ihm äh folng...andreas mauser zigarette aus maul schaschau Dir Dieses Phopho...eine eiweißverbindung namens doktor kousa hält an einer leine eine eiweißverbindung namens hasso scheißt auf offener straße auf tisch fünfkiloglas erdnußbutter der erik hatsischn periskobebastlt damita zum papstbesuch in wien mädchen untern rockuckn ZEICHMA HE'RICK eine seite lang sichergestellt vokale konsonanzen diphtonge ohne etwas zu tun verändert industrie den tonfall klinge ich gestern hell un'durchsichtig heute stumpf lau matsch das ist natürlich so klingt es nicht aber...paul stoma leert fl. `stabilisator' FFLLLSCHT KLUCKURGELURLURLURL von der traurigkeit schwarzweißer katzen die tapete UHUND BEIM HINSETZENWOLLEN BINNSCHON WIEDER INNER UHBAHN STOLPERT weil die u-bahn immoment losfuhr als ich mich hinsetzen wollte fuhr sie plötzlich dabei fuhr sie garnicht los ich dachte bloß die u-bahn nebendran fährt los...paul stoma phantomstart auf tapete circuit interruptus...ahaber die ärzte waren wieder sehr sehr nett im dunkel der markenlosigkeit nicht hinterlassungsfähiger gebilde blitze im pullover bei ausziehen DAMIT KEIN FALSCHER EINDRUCK ENTSTEHT vivian seichle- pamp: „mei monn hott gsach KAHIJN VA ÄNNERUNGSBEDAFF" breit offenstehende fresse kleines O direkt aus kropf geknödelt: „..o..mijahawwedieh enn peh deh wähld.." breit wie arsch von vivian seichle-pamp zwang andreas mauser umweg zu nehmen in gedanken m a c h s c h o n p l a t z d u v o l l - g e f r e s s e n e a r s c h g e i g e in strumpfhosen abgefüllt blockwart manfred freunde nennen ihn fredi seichle-pamp den kuli aufrecht führt den block: „NAHMÄH!" „asch" „BITTÄH!" „asch addolf asch!" „HICKSAH!" senfglas mit mickimousemotiv an fresse: „ISTAT IHNEN IHR TEPPICHBODEN!" schien schien das glühen der mülltonemülltonnen in blumenhaufen regen drei neodeutsche familie sittling hoch zu rad in reihe VORNE mutti sittling stützstrumpfhose bis zum hals MITTE vati sittling sandalen socken shorts HINNE sohni sittling SSS sandalen socken shorts SSS in reihe gleich gestrampelt au gen ge rade AUSSS

Brigitte Schroeder
MAKROCHIP-CITY

Weiter im Text,können Sie mir weisen den Weg,den Tag,mir sagen
wo-wie-welcher,was?
Von Herzen, mit Schmerzen, am liebsten gar nicht.

„Wenn wir an Makrochip-City denken denken wir spontan an rasende
Lichtfahrten in der Nacht dröhnender Puls des Lebens verstehn Sie
mich nicht falsch"

Fliegt die Kuh vorbei und sagt -was?
Fliegt die Kuh vorbei und sagt „Egal"
Fliegt die Kuh vorbei und sagt „Es-lebe-der-Tag" ich sage „was?"
Von Herzen mit Schmerzen am liebsten gar nicht -
weiter im Text.

„Wenn wir an Makrochip-City denken denken wir spontan an wogende
Massenmeere gleißende Schatten ein Eiscafé verstehn Sie mich nicht
falsch"

Fliegt die Kuh vorbei und sagt -was?
Fliegt die Kuh vorbei und sagt „Ich-weiß-ja-auch-nicht-was-das-soll"
ich sage „was?" sagt die Kuh „Was-halten-Sie-von-süßen-Geheimnissen"
ich sage „hüten Sie sie!"

Humdada, humdada,
einszwodrei,Walzertakt –
nur den Fingerfertigen bleibt so manches erspart,
rat mal,wieviel Kilometer von hier bis nach wo
der Pfeffer wächst der Walzer takt der Einszwodrei
humdada humdada der liebe Gott wohnt etwas höher,
ich weiß.
Humdada,humdada,
einszwodrei,Walzertakt –
ein guter Christ behält seine Toten in guter Erinnerung
ein Sarg Deluxe für den vierbeinigen Freund sagen wir
mal zweihundert Dollar.Seide für deine Dreckspfoten,
rechtfertige dich!
Humdada,humdada
einszwodrei,Walzertakt –
Mama,mir ist schlecht, ich will keinen Hund,ich will
eine Katze,will schlafen, keinen Hund,Mama,hörst du?
Humdada, humdada,
einszwodrei,Walzertakt -
(Hirnsegel,alles Hirnsegel...)
Humdada,humdada...
natürlich trage ich schwarz.Rate endlich,wieviel
Kilometer,rechtfertige dich,du bist ein Hund,Mama,er
ist ein Hund,ich will keinen Hund,er errät es nie,gib
mir zweihundert Dollar,wo wohnt Gott?

Kein Zeichen auf Sturm auf rot so fließt und
lacht so tut und macht so kommt so geht der
Tag die Nacht so werden mir die Hände kalt.
– Wann,ja wann
  begann am Anfang wann
  zerrann die Zeit kam
  Abend mir–
...blöde Bäder rennen fallen Rentner hälftig...
„Alles essen,essen auf."
...gellt Fenstersturz:geh weg geh weg da weg...
– Wann,wannwann
  besann die Rose wann
  besann sie sich der Zeit die
  Zeit zerrann kam Abend
  mir–
Mach ich mir die Ohren zu die Augen Mund und
Hirn dann kommt kein Sonntag auf ist heilig
heilig kommt kein Tag der Nacht so fließt und
lacht so tut und macht so fließt und lacht und
tut so fließt und lacht so fließt soso ja so
ja wann ja dann ja –
...tropfen dröge,höhlen Stein.

ZÜGE

Muß ich immer denkentun ich sagensagen muß ich
ach wie tut mein Herz wie tut mein dasdas macht
das ichich tut ich achach tat das doch –

und Züge fahrn:dann schwinden Lichter wie die
Dichter länger bunter schöner rät der Unparteiische
zu mittlerer Gedankenschwere.Finster,finster,kostet
Zeit,die Zeit,die Zeit,die Züge.

Immer muß ich denkentun ich sagensagen muß ich
ach wie tut mein Herz wie tut mein waswas meint
mein dasdas weint das ichich mach ein achach muß
ein michmich tu ich doch -

und zeitet Zug um Zug:dann schauern Katzen auf den
Mauern mit den Tatzen bis sie platzen finster finster
dicke dünne alle rät die Schwere rät die dicke dünne
alle Mittel zack! Harte Zeiten,Zeiten,Zeiten,Züge.

Mondschuh du.Du Wunder:volle Glut.

MEIER,MENSCH

Mit Verlaub, ich kenne keinen:Meier...

Siehe:Hartwurst:harte Wurst.Das Leben ebenso ist
hin– und hergesagt im Takt im darf ich kann ich
muß die Fahrausweise bitte bitteschön ja schön
schönschön ja danke –

Mit Verlaub, ich kenne nicht...
„Das ist ja toll."

So siehe:hart:ganz hart.Ist auf– und abgesagt im
Takt im Fahrausweisebittedankeschön im bin ich
war ich werd ich bin gewesen sein mir schwant ja
schön schönschön mir schwant das ist der Meier –

Mit Verlaub,ich bin nicht...
„Meier."

Toll.

Manchmal kommt ein Langerdünner mir ans Bett,wir
singen dann die Nacht gemeinsam,stöbern zwischen
Farn und Fingern nach der Brotbenagelzeit.

Ist gut?
Ja gut.

Die schreitet flirrend flimmernd schreitet fort
nach Rauch und Haut spult Fäden spulen Spindel
Spindel an der Wand –

Ja gut:ein Wein kann sein.

Der Wand,dort lauern Sterne schleichen dick und
rot wie alle Sterne dick und rot die singen nach
der Brotbenagelzeit die stöbert Farn die stöbert
Farn und Finger große dicke feuchte Finger –

Gut ja
gut.Nun gut:ein Wein kann sein ein doch ja doch
ein oh ein ah ein hahaha ein eh ein du ein jajaja.

Große dicke Farn und Finger dauern überdauern nehmen
dauern übernehmen schwimmen übernehmen nehmen nehmen
auf und ab und auf und für und wider für und ab und
auf und über über überbersten über –

Wein: (es rollt) - gewollt? ein tralala.

Macht die Liebe was-was
was das macht die Liebe das was
macht die Liebe macht die
was-was du die das-das
macht die Liebe-Liebe macht die
das-das die du-du die was-was
macht die was die das die du.

thomas gruber
NACHTFAHRT

and when they came to th pasture she dancd in th endless starry night
(bill bissett)

ja genau auch so eine
mutter eine brustmutter größe 48
einzelstück ganz genau
so einen druck in der geschwür
gegend bevorzugt im auto als
o gerade jetzt dieses gegen
licht dieses blendende licht o ja
neuerdings gar einen vater und so
klagend so unmittelbar dahin
fahrend mein gott wie die zeit
und so leicht- all die bären
und hunde da oben das mein
ich genau jetzt wo über alls
licht dieser druck dieses einzelne stück

ALTARBILD „AMERICAN BOY“

1

(talarlos) geschundenes bodybild, knie
frei -fall vorm vierfarbigen altar (welchem
altar?) DIE LIEGENDEN körper-bauten
spritzpistolen (~~dsch~~iai-geprüft) an allein
stehendem, gebeugtem –ritus EME-TISCH
ER absacker –stecher in anonyme gegen
den STRICH gestochen (scharf, was?)

2

be
ginnen wir bei verschlossenen türen mit
lockerungsübung EINS fahren fort ZWEI
vertreiben schmerzfantome „meister einen
jäger pur“ DREI trennen den anhang v
om haupt-feld „seeeeeelenruhig“ ab VIER
verleugnen die mutter– das „sprachrohr“
be

3

wegen uns VERTIKOREICH auf das vier
farbbild ZU (welches bild?) wackeln
der raumteiler LUFT!LUFT!LUFT! der di
gitale –zeiger springt auf MUFFALARM!
netzverlust rasende finger auf-fing-er-ü
bungen muß SCHUSS & ENTWARNUNG verzi-
„ich kriege keine– mehr“, tränen

4

(hochkant) ....o...........boy
kotterklärung
WI BFINDN NS N HWIN
DLERREGND BALKNH HRAFFIERT VN F
LIEGN ZE PARTIKLN MRINGT TREIFN WI
NSERE WITZTE PULL
- OVER -

PARKSEQUENZ

allerletzte halteAUSLASSstelle in grün
zeug hingeblätterte deck- (..) -bungsvoll ver
schlissene löschblätter gewelkt vor bären
büschen hecken schützen(vergafft) & rest(los)
hingeblätterte
extem
porierte
lippen
tonse
quenzen zb „(..)(..)(..)“ die muschelso
unds (direkt übertragen) buschgetrommel „von
der nasenwurzel abwärts“ bisbis unters
holz gelangter (blattmotive) schleim furniert
& hingeblättert
vor
pro
grammierte
NNacht
schwärmen -geführte morellenpaarung auf
schleimhaut (geritzt) & gefüttert mit nadel
streifen ziseliertes buschwerk lippentonse
quenzen zb „piss (off) bloody bastard &
blättere hin“

HALBZEUG

söhnchen, strähnige kopflinien KAUFEN
SIE JETZT „eine kaugummifabrik hin
ter dem artikel“ (glaubenssache) die fee
links plakatweise aufgetragene feelings
wir be
finden uns DIE RECHNUNG BITTE! im
–stübchen im reklamebunker hinterz
immer (incl. dreipunktefreiheit) erhalten
wir: 1 mensch = 3 menschen gleich
förmige kopflinien –JETZT brut & body
check die ACHTUNG automatische be
rechnungsmaschine landet beiläufiger kon
turenwechsel: „MIR kaufen sie meine wohl
GEMERKT künstliche haut ab MIR machen
hostessen biographische angaben MIR gibt ei
ne innere stimme auskunft über die ver
stellungsmöglichkeiten lächelnder säuglinge
MIR berechnen wohlmeinende maschinen das"
(relativ lange pause)..................TEMPOLI
MIT booby-traps spart-anisch aufgetra
gene feelings stockungsversuche: –MITselbst ent
worfenem halm heben wir ohne uns umzu
drehn AB

TÜRBELAG–

die halbköpfige ist heute MENSCH
hat DIEnen ist türmacherin; putz–
ist –steherin über beide ohren ge
rahmt: schicksenzauber 1.60 AB
SATZ nicht gezählt nicht die runden
spaltdinger hinterm nabel huren
vergleich: wie ein FREIERMENSCH
wandelt OBER! kothurnenkuh in
zwischen 1.75 zwischenpfosten
ist sie zwischen tür und handge
menge eine RUNDUM (siehe hinten)
drecksaukommsthiersowiesonichrein!
die sitzt! NEIN steht (wenn's
hell im bett im wasser) AUS
SCHNITT zwischen fetter tür +
angeljägern kreischt ein heuler
hastn!kopp!was!hastn!kopp! unterm
helm BIST DRAUSSEN (abzähl
reim) schleim bei muttern mein
dreieck (meßlatte) zeigt an BIST
DRAUSSEN mein vordermann mein
zuckungsbringer zeigt an BIST
DRAUSSEN mein marmeladenfinger
macht den klebetest zeigt an BIST
DRAUSSEN mein muskelträger der
in kürze aus mir kriecht zeigt an
und ausSCHNITT es ist hintern
treffen schicksenzauber beim er
mitteln der meßwerte läßt der SCH
merz langsam nach der halb
köpfigen die STICHWUNDE (kommt's?)
es kommt ja gleich es kommt es
kommt ja jetzt es kommt
schnellschnell verlassen wir die ja
aaaaaaaaaaaaaaaaaa! (dunkelkammer)

AKTSCHLEIFE

der schulter SCHLUSS noch zwei
zentimeter bis DER COUNTDOWN
LAEUFT zur erlangung der maximalen fall
höhe noch EIN zentimeter exakt

wie immer spätnachrichten kurz vor
SENSATION himmel abgeschafft erdrutsch
artig in prozenten aus- der druck der
druck der druck wir machen erstmal MEINE
DAMEN spielen ein Maria B. soll eigenhändig
wohlgemerkt mit eignen händen werfen
nur zur einen kurzen blick damit sich
auch noch Ihre nelke MEINE HERREN ja
auch diese KOMMENTAR pfui teufel wie
gesagt der himmel kommen wir zum
wetter tag und nacht wie immer kommen
wir zum SCHLUSS es ist der nackte

13. märz der schulter SCHLUSS noch ein
(weiter) zentimeter bis der COUNT
DOWN LAEUFT zur erlangung der maxi
malen fallhöhe noch EINHALBER (cm) exakt

wir kommen wie gewohnt zum kopf dem
haupt charakter– schädel dez SALOPP
der rübe/birne ZUZUrück zum na
kkten baballon dem kürbis nischel
plutzer dach mitunter hirn „wer
spricht mir aus der seele" aus der traum
vom soundsoundsovielten schaf an seitlich
festgezurrte fährenMUSIK dabei angezogen
e beine (bildungslücke) genausoeine
platz ja wunde wie ZITAT beschmierte bis
auf weiteres entfallen HALT das wie
derhole das wievielte schaf es es ist weiter

UNT DOWN LAEUFT zur erlangung
der maximalen fallhöhe noch 1/4: exakt

weiter dieses stück weist zirka unter
brechen wir das altbekannte PERIODE
mit entblößten überresten spitz spitz spitz
für eine durch und durch wichtige meldung:::
es ist der 13. märz schulter SCHLU
SS noch ein viertel zentimeter bis DER
COUNTDOWN LAEUFT zur erlangung
der maximalen fallhöhe noch / EIN / ACH / TEL

EX-

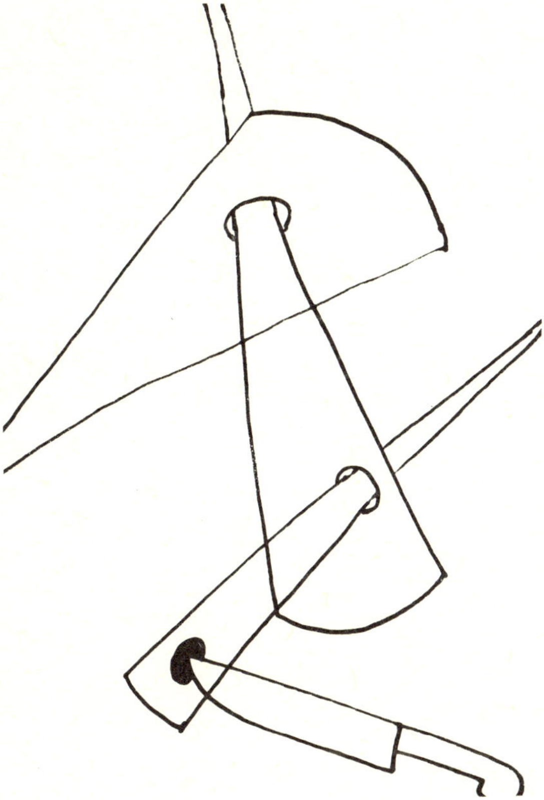

Hella Eckert
PHOSPHORBLITZE

Rita sah raus auf die Straße, die am Haus vorbeiführte. Kinder spielten „Himmel und Hölle“. Unter einem Kreidebild stand „UNSER DORF“. Stille im Zimmer. Rita wartete auf etwas, von dem sie nicht wußte, was es sein konnte. Sie wartete auf Bruno. Vielleicht. Sie wartete auf den nächsten Tag, auf die Arbeit im Laden, die Mittagspause von halb zwei bis halb drei, manchmal eisessen, machmal spazierengehen, manchmal tanzen im Nachbardorf. Kein Warten auf große Ereignisse, das nicht. Das hatten sie ihr ausgetrieben, der Pfarrer, der Lehrer, der Ladenbesitzer, die Mutter. Rita stand jeden Morgen um halb sieben auf und frühstückte in der Küche, allein, denn die Mutter hatte Nachtschicht. Sie ging in den Laden, verkaufte Obst und Saatgut, Ackergeräte und Nähgarn, Rasierwasser und Plastikschüsseln, auf denen „Made in Italy“ stand und schleppte Kisten und Steigen aus dem Hinterzimmer in den Verkaufsraum, in dem es nach Schaumzucker und Waschbenzin roch.

Im Sommer war sie von der Schule abgegangen. Der Schulleiter hatte ihr eine Schachtel Pralinen überreicht „für besondere schulische Leistungen“, von ihrem Patenonkel hatte sie ein Buch bekommen in altdeutscher Schrift. Nach der Abschlußfeier in der Turnhalle war sie mit Bruno und den anderen auf Motorrädern über die Hochebene gefahren, die sich an das Dorf anschloß. Am Rande der Straße mit den Marienstatuen hatten sie gefeiert. Sie hatten runtergesehen auf das Dorf und Cola aus Dosen getrunken und die Lieder von Gianna Nannini gesungen, und gegen Abend hatten sie die leeren Dosen gegen die Baumstämme gekickt. Dann waren sie mit aufgeblendeten Scheinwerfern zurückgefahren, vorbei an den Häusern, dem Laden, der Schule, der Kirche, und die Dorfbewohner, die mit ihren Bierflaschen und Schnapsflaschen vor den Häusern saßen, hatten ihnen mit geballten Fäusten gedroht. Rita wußte, daß sie sich immer daran erinnern würde, an das ziellose Herumfahren mit den Motorrädern, an den Lärm und die Hitze und an den Geruch von Brunos Lederjacke mit dem Emblem der „DEVIL WINGS“ auf dem Rücken. Dann ging Bruno fort.

Ein paar Tage später färbte Rita sich die Haare mit Wasserstoffsuperoxyd. Schnitt sich die weißblonden Strähnen ab, bis sie verwegen vom Kopf wegigelten. Hängte sich einen Ring aus Draht und Schrauben und

Federn ins Ohr. Stellte sich vor den Spiegel, sah darin das Gesicht des Pfarrers, des Lehrers, des Ladenbesitzers, der Mutter, und fand ihres nicht. Schrieb mit Nagellack ihren Namen quer drüber, das half. Saß in ihrem Zimmer und drehte den Plattenspieler auf. Malte Zickzackbänder in die Luft, mit denen sie sich in die Lieder der Gianna Nannini einschnürte. Warf sich aufs Bett und starrte an die Decke, die sich drehte, immer schneller, sah sich in dem Drehen, und Bruno, lächelte sich zu, als würde sie sich gut kennen, schlief dann ein in dem Lärm.

Von den anderen zog sie sich zurück, die waren ihr nicht wichtig. Es genügte ihr, wenn sie „Hallo, Rita" riefen und mit dem V-Zeichen winkten. Abends saß sie im Wohnzimmer und sah fern, bis die Mutter in ihrem geblümten Bademantel, unter dem blaugeäderte Beine hervorsahen, sagte, geh zu Bett. Wenn die Mutter sich angezogen hatte für die Nachtschicht und Rita alleinließ, lag sie wach im Dunkeln und fragte sich, was an ihrem Leben falsch war.

An den Wochenenden schloß sie sich in ihrem Zimmer ein, stundenlang, bis die Mutter gegen die Tür hämmerte. Sie hatte sich ein Buch aus der Gemeindebücherei besorgt, „In 30 Tagen Italienisch sprechen", das arbeitete sie durch. Alles, was sie behielt, waren die Bezeichnungen für Farben und Zahlen und ein paar Redewendungen, die sie nicht aussprechen konnte, weil sie nie eine Lautschrift gelernt hatte. Mit rollendem r rief sie unsinnige Sätze, die wie Verwünschungen klangen, und wenn sie nicht weiterwußte, hielt sie sich die Ohren zu und schrie die Lieder der Gianna Nannini, die sie inzwischen auswendig kannte, und hinter den Liedern stand das Klacken von Brunos Stiefeln und das Geräusch, mit dem er die Blechverschlüsse von den Coladosen abriß.

Bruno schrieb ihr eine Karte aus Palermo, auf der stand „Ciao Rita" und ein gemaltes V-Zeichen. Rita legte die Karte in den Ordner, den sie mit „Material Italien-Italy-Italia" beschriftet hatte, und klebte sie zusammen mit Fotos, die sie in Zeitschriften und Prospekten gefunden hatte, auf weißen Karton.

Ende August wurde es so heiß, daß Rita es in dem engen Laden kaum aushielt. Sie verkaufte Eis in der Nähe der Eingangstür und schob das Fliegengitter rauf und runter, wenn sie nichts zu tun hatte. Sie sah den anderen zu, die auf den Treppenstufen saßen, sagte, ich gehe weg, sagte es so, daß es niemand hörte, wollte auch kein Erwidern, sagte es dahin, beiläufig, schob den Satz zwischen die dumpfen Bässe, die das Radio im Laden zum Knistern brachten. Sie ließ das Eis fallen, das sie in der Hand hielt, sah zu, wie es schmolz und an den Stufen hinunterlief und schwarz wurde vom Dreck an den Rändern. Die anderen sahen sie erstaunt an, jemand fragte, was ist denn los.

Rita lief nach Hause, nahm ihren Ausweis und Geld, legte der Mutter einen Zettel hin, einen leeren, denn sie wußte nicht, was sie der Mutter schreiben sollte, wußte doch selber keine Erklärung. Legte den Ordner mit der Beschriftung „Material Italien-Italy-Italia" auf das Kopfkissen. Malte ein V- Zeichen an den unteren Rand. Ging aus dem Haus und stellte sich an den Straßenrand am Dorfeingang, bis der Fahrer eines Lasters, der Garnrollen transportierte, sie mitnahm. Als sie durch das Dorf fuhr, wünschte sie sich, von den Erinnerungen freizukommen, nichts sollte sie festhalten oder zurückholen. Je weiter sie sich entfernte, desto verwirrter wurde sie, denn die Dinge, die ihr vertraut waren, fielen schnell zurück, die letzten Häuser, die Marienstatuen, die Bäume, die Felder. Rita sah den Fahrer an, um nicht hinauszusehen. Sie hing schwerelos in dem Fahrerhaus, fühlte nirgendwo Widerstand, dann ließ die Anspannung nach, und sie fiel seitlich gegen den Fahrersitz. Der Mann schon ihre Schulter zurück, sagte hey Kleines, nicht einschlafen, und gab ihr Kaugummi und abgestandenes Cola, das nach Dieselöl schmeckte. Im Fahrerhaus stank es nach verbranntem Gummi und Zigarettenrauch. Am Armaturenbrett hing eine Plastikrose, darunter das Foto einer blonden Frau im Bikini, die rittlings auf einem Motorrad saß. Rita dachte an nichts, freute sich nicht, wußte nicht, worauf sie sich freuen sollte.

Der Fahrer setzte sie in der Stadt ab, in der sie sich nicht auskannte. Sie lief dem Schild nach „Zum Bahnhof". Setzte sich in ein Lokal, das „HEARTBEAT CITY" hieß, das pulsierende Neonherz über dem Eingang gefiel ihr. An einer Säule, die mit Spiegelmosaik beklebt war, lehnte ein junger Mann. Als Rita an ihm vorbeiging, hielt er sie fest und sagte, kommst du mit. Rita sah in die Spiegelscherben, und für einen Moment erkannte sie darin Bruno, dann bewegte sich der junge Mann, und das Bild von Bruno war weg. Sie nickte, und der junge Mann nahm sie mit in sein Zimmer am Stadtrand. Er schob sie vor sich her, vorbei an dem Bett und dem Stuhl und dem Tisch, auf dem der Plattenspieler stand, bis hin zum Fenster, das in einen Lichtschacht führte. Der junge Mann sagte, wir passen gut zusammen, du brauchst nur zu verkaufen, ich besorg das Zeug. Rita dachte an den Laden im Dorf. Sie machte die Augen zu, in ihrem Kopf war ein bunter Wirbel, sie bekam keine Luft, und ihr Puls schlug gegen das Trommelfell. Der junge Mann riß das Fenster auf und gab ihr ein Beruhigungsmittel, das auf dem Fensterbrett stand. Rita dachte, jetzt ist alles gut. Ihre Gedanken kippten weg in eine Wärme, die sie nicht kannte. Sie fühlte sich merkwürdig aufgetrieben und hatte eine Leichtigkeit in sich, die es ihr schwer machte, sich zu erkennen.

Tagsüber verkaufte Rita an einer Straßenecke den Stoff, den sie beide „Phosphorblitze“ nannten. Abends lieferte sie das Geld ab, das sie eingenommen hatte, hohe Beträge, die der junge Mann jemandem brachte, den sie nie sah. Wenn sie nachts nebeneinander auf dem Bett lagen, nahmen sie selber von dem Stoff. Eine Wirkung merkte Rita meist erst später, am frühen Morgen, wenn der junge Mann sie aus dem Zimmer drängte, das er stundenweise an Paare vermietet hatte, wenn sie durch die leeren Straßen lief, sich an Zäunen und Mülltonnen festhielt, kein Oben und Unten, kein Innen und Außen mehr kannte. Sie vertrug den Stoff nicht, brach zusammen, stürzte in ein Knäuel irrlichternder Muster, die nicht zur Ruhe kamen, und die Neonreklame irgendeines Kaufhauses schlug über ihr zusammen, als sie mit dem Kopf auf den Gehweg fiel. Sie hörte das auf- und abschwellende Dreiklanghorn des Krankenwagens, die qietschenden Reifen, und alles war weit weg und zugleich ganz nah, und in dem vagen Gefühl eines Verlustes, den sie nicht benennen konnte, verlor sie das Bewußtsein.

Rita erwachte in einem hohen Zimmer, in dem alles Oben und Unten und Außen weiße Wand war, und es gab Metallstreben am Bett und den Geruch nach Erbrochenem und den Atem vieler Menschen. Das erste Gesicht, das sich über sie beugte, hatte keine Tiefen, Mund und Nase und Augen wirkten wie aufgemalt. Rita bat die Schwester, den jungen Mann zu benachrichtigen. Ein paar Stunden später klackten seine Stiefel auf dem Gang. Sie hörte, wie der junge Mann etwas zu ihr sagte. Sie machte die Augen zu und stellte sich vor, er meinte nicht sie, meinte eine Person, die nichts mit ihr zu tun hatte: Rita war nur ein Name, den sie mit sich herumschleppte. Sie schüttelte den Kopf, langsam, als würde sie sich nicht trauen, zog dann die Decke höher und drehte sich zur Wand. Es war noch früh, und sie fror.

Monika Köhn

CEZANNE IST VERSCHWUNDEN:
nachts, als ich die Äpfel
vom Tuch nahm sie mit
ihren leuchtenden Schatten ver-
schlang knieten Frauen am
Fluß vor Aurillac sie
wuschen ein rotes Gilet
jemand spielte Fragmente für
Saxophon gleich bei der
Biegung der Straße, da
waren aus Aix die
Bauern gekommen und keiner
sah auf, im Café, von den
Karten, nicht einer rief:
Paul oder Carla, Monica Jane:
nachts, bleibt der Geschmack
einer Frucht mir am Mund von
deinem Namen die Farbe

ZWEI ATEM

manchmal
wirft sich die Iris zum äußersten Winkel
dieser feuchtverdunkelten Mandelöffnung
langgezogen sargähnlich eine aschgraue
Vergitterung von Glaslinien darüber Riffel-
stäbe aneinandergeschmolzen die das Blocklicht
nachhaltig einwärts winken und mit ihm
verschraubt und verkrampft sich die Kaliumhelle
als nächtliche Bedrohung, ausgesetzt der
Zählautomatik der Erinnerungsinfusoren:
tropfnaß alle Tücher. Flehen und Schweiß.
zwei Atem blond und gegabelt schwingen
noch nach wie aus Liebe in die sich
die klägliche Faschingsfrühe spannt

CODE 19640

NUR KEINE STORY Milu der May... Axis-
hirsch Seidenfalke womöglich im Lenz und
ein Abwandern belassener Fäden (Sie hielten
mich denn? hier im Funkengeläut: drohend
vor Liebe wo-möglich...) stundenlang
klappernd aus Windmetall stiebende Schön-
schrift des Abschieds, beinhaltet immer,
in Allem Initialen: Indigo/Axis/Kaschga und
Milu der May...erinnerter Weitriß der
Stufen mit Ihrem Abdruck von Anmut westlich
der Bahnen, verloren, die staubroten Blätter
aus Opium, darauf das Korn eines Nebelflurs/
kann ich noch atmen: wär es: Sie hielten es
warm in der Hand: ein Fädchen zerschnittener
Nähe, felgenweiß-stumm im Abschied gelassen
und ohne Geschichte die kehlwärts gegabelte
Zeichnung des Regens im Tuch Ihres Mantels:
Kaschga/Milu...orangenschnitzförmig...
der meuternde Wind

IM KINO

die Bernsteinwände. Schüsseln
voll speigelber zirpender Glüh-
fäden hängen den Hälsen der
Rauchschwaden entgegen die
die geblähten austrocknenden
Schleimhäute streiften: Münder
zu zynischen Winkeln verzerrt zu
weichen Rosetten zu splitternden
stoßen ihr Gas aus ein Mischgift
dem Worte dann folgen Gemurmel
Gelächter: ein Aufspritzen
Schäumen. noch in die Pendel-
bewegung der seitwärts ge-
rafften Schenkel aus Wolle und
Leder die jenes Rechteck als
kurzzeitig sprachlose Fläche
entlassen, in die einfallen
trockenes Knistern und Kratzer,
wie schwärzliche Spreißel der
Filmschicht versetzt, bis in den
blitzartig wechselnden Runen die
Linien sich finden die Farben
die Form, der Ton dann
die Dämmerung sprengt

IM MUND EINE SPINDEL

Westbahnstraße, Reihergriff. Schnabelverschluß.
Wer blies das Fenster zu? Ein zögernd betastetes
Neuland im Rücken wie Gleisschlag die Angst dann
verschlungen aufgesaugt und matt in der hellen
Verzierung. Vogelmund. Klinische Schwade.
Aber noch Seidengelage der Luft / das heißt:
ausschließlich Sie /. Und immer.
In der Windform die weißen gebrochenen Knöchel,
hochgehoben und wieder gefallen, ein nicht gleich
auszumachendes Muster / Geräusch / op. 48 und
Färbung: sakral: ein Scheu. Unaufmerksam vor
Verlegenheit, vergaß ich, was ich auch sonst nur
im Übermut mir zu gestatten wagte: mit dem einen
schweifenden Blick den gesamten Raum zu erfassen
scheinbar flüchtig / ebenso Sie / wie plötzlich
der Regen riß! Sie wiesen mich hin auf das dunkle
Feld, den Dachschatten etwas abseits hinter der
beschlagenen Scheibe. Schloß ich das Fenster?
Meine Hand mit dem Abdruck Ihrer Gardine. Im Mund
eine Spindel: nur einen Tag später. Sie schritten
verhalten, ein Reiher, Ebrolicht über den Schultern,
salzblaue Rhomben an beiden Flanken. Mein Schweiß-
tuch zur Windform gefaltet, darin Ihr Lächeln, die
klopfenden Knöchel. Im Patio die leeren Nischen
verwuchsen mit deutlichen Worten, ungesagten.
Nur Märznacht vorm Fenster. Schnabelverschluß.
Und immer.

UNVERZÜCKTER BEREICH *

1 der Diesel: questo amore: Glitzer-
bewegung der Opulenz
2 das Gartentor war aufgesprungen:
Magritte im Gras ein halbes Gesicht
auf dem Teller zwischen Messer und
Gabel / Verwischungen / Verwindungen
wichtig war
nichts
3 fünf Uhr nachts
4 mit Dünen von Herbst und blasenden
fauchenden Kinderlocken BLOND
5 diese Schlafstatt / Schwefelquadrate
manchmal wechselhaft Leuchten von
6 Raskal Raskal hier bist du zuhaus
hear! bis du zuhaus...
halswärts
7 ein Fischkranz verkettet verborgen
im Porzellanzylinder, weiß
8 mit Schweigen aus ungleichen Augen
9 wie kommt er hierher der römische
Hauch
10 er weint morgens: se vai via
11 sie aß wie im Film
Apfelsinenberge, Sandherzen
12 eine Art Botschaft / Verdachtes
fand sie grazile Notizen den Traum-
brief des Raben mit flatterndem Lachen
Glanzkugelkriege
13 wenn es dich nicht gäbe
wäre ich nicht einsam
14 in der Ostkurve
bei Schnee und Lazulith

* nach Friederike Mayröcker:
„verzückter Bereich"

FRAKTUR

bis je die kontemplativste
Angel
im Park / und ob
etwas zu sagen sei
aus weißem Lidrand:
Kammerschatten
spelzt je kontemplativer
die Angel
noch schockig das Blatt
etwas draußen
und leicht
wie Mondriß / Bissier
die bedrückten Geräusche
ginstern! ginstern!
noch schockig:
wann kommst du
etwas draußen
und leicht
das Fußstück
im Park im Klavier
ein kontemplatives Blatt von Bissier
die Angel
geschont und gescheitert
dann angedockt
im Mundriß
nichts mehr
zu sagen: die Ränder
die Kammern
das Weiß

Achim Hartmann
TISCH UND BETT

Morgen müßt' es jetzt sein. Hinter der Ostwand, graugeraucht, Rauhfaser! geht jetzt die Sonne auf. Sonnenaufgang!!! Monduntergang? Venus? Steht nix da. Lösung des Menschheitsproblems: Venus mit Venus, Mars wie immer in O- pposition. Zwei ineinanderverschlungene Aphro-dit-e-spiegel. Spie-Geh! -l? Spiegelei! Laß' ich mir patentieren. Möcht' kein Mann reinschauen. Möcht' unnatürlich jeder. Kannste im Playboy nachlesen, zwischen den Zeilen, ver- steht sich. So uff-geklärt is' des Blättchen och nich'. Mars? Bringt verbrauchte Energie sofort zurück! Wo bleibt 'n des Frühstück? Jupiter? Watt hass-te mit Deinem Vater gemacht? Deus-EX! Kann sich och nur 'n Gott erlauben. Blick nach Süden: Türöffnung, blaugrau wie mein Kopp. Menninge? Key-n Penninge hab'ík in de'Tasche. Geschlossen wie mein Magenpförtner.

Knotengefühl, eens von den Tausend, die meines Want-stes Erbteil sind. Kleenes Andenken us mene Schulzeit; tja, Achtundfuffziger, falscher und hab' och mene Kriegsverletzungen. Hamlet, Omelett! Wo bleibt 'n des Frühstück? Tagesmenü: Kalbfleischbällchen in... Nee. Een Glück, daß die hier nich' nach 'm Kalender kochen. Da hilft nur ab-lenken. Kreuzworträtsel für die gehobenen Stände. Mississippi in der norddeutschen Tiefebene? Vier Buchstaben. Des kann nur der Arno sein. All-zu ver-traulich! Spruch des Tages: „Ein guter Mensch findet immer einen Ausweg." Bert Brecht. Der olle Herzensneurotiker. Soll wohl 'ne Spritze sein gegen mich? Weis' ik zurück. Bin kain an-ständiger Mensch. Bin hier nur Gast. Drauf! mein Wort-Schlächter! Service hier: mangel-HAFT. An der Tür hat einer die Klinke geklaut. Sollte man mal re-parieren. Ik glotz jetzt uff de Tür un' guck 'n Loch rein. Was sonne Baron kann, kann Schlosserssohn schon lange. Megalomanie, damit hab'ik mene Karriere gemacht. Die machen hier us allem 'n Symptom. „Besser 'n Onkel-Tom als 'n Häm-atom", sagt mein Pf-leger immer. Erster Versuch eines Irrenwitzes. Wenn ik hier rauskomme, bring' ik 'n Sammelband raus. „Da, Zeiger der Monduhr weist auf...": Frühstück! Sesam öffnet sich. Brötchen von gestern, männliche Bedienung: ik hatte es befürchtet. Nu' geh' mal wieder. Ik speise allein. Ik beginne mit Käse. Käse schlägt den Knoten durch. Fühle mir wie Alexander. Vom Bett zum Tisch sind's vier Schritte: von Europa nach Asien. Hab' ik gerade noch geschafft, eh' mich des Zittern niedergestreckt hat. Herr Doktor, ich emp-fehle mir Akineton. Tisch und Bett. Wär hier die Bedienung weiblich, hätt'ík 'ne Familie gründen können. Nu' denk mal an was andre-aas. Gibt ja mehr als einen Trieb (Siehe Freud 1900, 1901 usw.). Zum Frühstück 'n Ei. Mir wird so vieh-lo-SOPHIIII!!!! SCH!!!!!! 'n Hühnersandwich wäre mir natürlich lieber. Die Eier waren also zuerst da, die Hennen kommen gar nich' zum Zuge. Ik armer Sohn! Siehe Medea! Wollt'ík och mal werden: egg-head. Nu'geh'n mir schon de Haare aus. Geheimratsecken: des eenzige, was 'nen Geniestreich wie mich mit Goethe verbindet. Ik leck mir jetzt die Finger und dann meine Wunden, sieht ja ke' ner.

Auf die Nordseite hat e'ner 'n Bild in den Beton genagelt. Erinnert mich an me'nen Schuster-Großvater. Hatte 19 Kinder un' ke'n Geld. 10 selbstgemacht, 9 angeheiratet. Sin' 'türlich alle glücklich geworden. Baby-Bild: guckt mir bei Frühstück zu. Sieht aus wie Freud vor der Erfindung der P-sycho-anal-yse: unmenschlich. Ene mene Mu sagte immer „Kuckuck" un'dann den Breilöffel zwischen de Zähne. Ik war 'n frühreifes Kind. Schönes Nest hier. Wieviel ik bewußtlos instinktsicher schon aus 'm Nest gedrängt hab'? Garaus wollen Sie mir doch wohl kenen Strick drehen? Mit wem red'ik den da? Zum Nachtisch werd' ik noch den FAZ-Promi-Brummi-Fragebogen ausfühlen. Megalomanie verpflichtet! Was ist für Sie das größte Unglück? Ich. Wer hätten Sie denn sein mögen, wenn Sie nicht krumm das geworden wären? Richard? Na? Tritte 'türlich! Sinngemäß zitiert: Selbst 'n Tier hat doch noch Mitleid. Doch ik hab'kens un'bin deshalb key-n Tier. O wundervoll, wenn Teufel Wahrheit sprechen. Welche 'türliche Gabe möchten Sie besitzen? Schlank wie 'n Schlüsselloch, schöne hohe Stimme oder man müßte Klavier spielen können: ik kann mir gar nich' entscheiden. Welche militärische Leistung bewundern Sie am meisten? Den 46jährigen Ehekrieg meiner Eltern. Wie möchten Sie sterben? Nach Ihnen(innen), Herr Re-dak-tor. Ihre gegenwärtige Verfassung? Wie gesagt: fühle mir wie Alexander. Ihr Motto: Mene besten Freunde hab'ík nie kennengelernt (Chandler), ik Menschenfreund. Ik geh' jetzt nach Europa. Alexander starb in Asien, ik sterbe lieber im Bett.

Rainer René Müller
VOGEL-SEQUENZA

Wie ein Vogel über der Ebene schreit
schreit ein Vogel, wie
er, er

schrier, schrier

(Bilder, gewest)
es ist Schnee
                    (-weiß)
im Ohr. Es schneit
die Stimmen von weit.
Her und hin:
Pendel: Auge-Ohr

...lassen es zu.

Wie ein Vogel über der Ebene schreit
schreit ein Vogel, wie
er, er

Ich erschlag dich
wenn du schreist
sagt mein Vater.
Ich schrei-
be, -be
Bilder
Schreit ein Vogel
wie er: Liebstengruß

MUNCH-STÜCK

„Those are pearls that were his eyes"

kyrie-heh...
eintreten Hirnen. Eins-
zweidrei
„Liegen in der Mitten":
Lampenschein und Haut

draufschreiben: Oh
Staunen
:einer hängt! Schlagen-
drauf. Schlager-le

'emblem-, -atik; ticken:
-tockte,
-pannte:

s,s,

:cri

VATERLAND, KORNBLUMENBLAU

... denken viel, die
Stimmen verbieten / die Farbe Blau
                (diese Farbe)
die Stimmen verbietet, Gebrüll
:staken, hüten: hecheln

Überhänge von
        proche orient, carré,
        creusé: crever
        (Exilreden hinlagern)

schrie nicht im Tiergarten
die Stimme
        (die Göbbelsgosche)
zu tausenden Stimmen, die gafften:
wir haben
wir haben sie zu Paaren getrieben
        (heilig und paarig)

trieb es, hoch
die Hand/, aus
und schlug

mal sind diese Stimmen auch nah und ganz
blau
sie sagen:
du kommst nicht vor,
        (ich nicht)
& machen aus Stille ein Tier
es ist ein Verhör in der Luft
ein Auge ist in der Luft

die Rüben sind eingemietet
ein Hochbunker steht,
    horcht

MAI

wie dies: Wischen / Über
Kastanien hoch ein
Kopf zu hängen

da unten ist ein tiefes
Schwarz im Läuten
:das Plärren um Gesicht:

im Geschirr ein Leim
aus Knochen / über:
Nessel ziehn.

Dieses Wischen ist ein Schwarz
schräg im Geräusch/aus:
so wird im Mai...

...ein Kopf zu hängen
kastanienhoch, ein
Läuten. Im Geschirr das

Nesselstück: Gesicht

BERLIN, AM ZOO

numbers, twice (I oder
da...)
an den Kacheln wird Fleisch
verhökert, stundenweis

in Rinnen zu liegen, was
„Maienlust", was
mir die Liebe erzählt
von Tierchen zu Tierchen

ein Fetzen Ocker hakt sich
ein & wird heimlich
das Alle-
-tagswort abschlagen:

zum zweiten: step
by step sich ein
„yesterday" rauskratzen

ZWISCHENZEITEN

er rief Bilder / Schlagen

schlagen gehn, schlagen:
Vaterwort „liegen"

:wie a Toter:
(liegen im Holz)
Bucheckern-schön,
dieser Herbst,

das ist alles, was wir verhandeln
an: ich & du/

Du. Welches: dort:
das wird man abbubern müssen,

dies ganze:
„wie sich ein Vater erbarmt"
und dieses Potsdamer Verrecken
zwischen Ziegeln.

Dieser Geruch: das ist persönlich

WIRD SCHNEE SEIN: BEI GELEGENHEIT

(...ich habe eine Gelegenheit für Heißenbüttel
am Wannsee / werden die Schienen geschliffen)

dessen was äußerst Nachtigall mitten im Winter:

Schnee,
so, es: ein Kleines. Bucheckernschön
zu sagen. Ein unverbrauchtes Blau zu haben
gegen Abend, gegen Westen, ein Rot zu
glauben

zurückkommen von da dessen was äußerst
mitten und äußerst schon nicht mehr
zurückkommt, geht mitten in Eichen zu

Ende. Zu Sand bucheckernschön und Eicheln
gefallen zu platzen unter'm Tritt dessen,
: ein Kleines: mitten; mitten im Winter zu
sagen. Nie oder Wasser, ein Schießen von weit
wie hinter'm Stein. Und Kiefern. Das legt
sich bei Gelegenheit werden, nie:

es wird Schnee sein, unverbraucht schön
so,
es wird, was äußerst zurückkommen von da

Gela Kramb
PERSPECTIVE

Zugemauert, Gitter, Schrei, schrei.
blau, milchig, Käfig, Dampf, Nebel,
die Hexe streichelt die Stäbe
rotglühenden Auges.
BERNSTEINSPION,
SIE HABEN DICH VERRATEN!
Wohin?
Unter die Erde, den Stein, den Sand.
ZEMENTKATZE, WILDE SÜSSE,
DU HAST MEIN WORT,
ICH WERDE DICH NICHT VERLASSEN.
Schreibtisch, Schubladen, Schubladen, Rolladen,
Zielscheiben, Kästen, Kisten, Schachteln,
Kneipengespräche, Durchlöcherungen,
Köpfe im Sand
DICKKOPF,
kopflos, kopflastig,
du bist eine Last, lästig, lässig.
STEHAUFMÄNNCHEN AUS SCHWEINESPECK
MIT LÖCHERN IM BAUCH
UND AUGEN WIE AUSGELAUFENE OZEANE.

Und ringsum:
Milchglashoffnungen, Wattemenschen, Michelin X.
Satt, sattsam bekannt,
es satthaben,-
wenn du satt bist,
WAS ABER DANN?

Hella Eckert
FLAMMENTÄNZER

Da ist sie wieder, die Stichflamme, dieses irrsinnige Blaugrün, das du immer wieder suchst, wenn du es einmal gesehen hast, auf Autos, die auf den Schrottplätzen verrotten, im Dunst über den Müllkippen, im Dreckwasser am Hafen, dieses Blaugrün, das es gar nicht geben dürfte, nicht mit dem Weiß drin, das dich auseinanderreißt, nicht den Körper, den Kopf reißt es auseinander. Und dann das Sirren, wenn die Flamme wächst, sich ein paarmal um sich selbst dreht und hochschießt, ein blaugrüner Strahl mit dem Weiß drin, das dich wie ein Zyklopenauge anstarrt, ein Weiß, das auch milchig sein kann, zart und durchsichtig wie Libellenflügel, schimmernd wie die Haut des kleinen Mädchens, das Isabelle heißt, meine kleine Schwester Isabelle mit den kurzen Söckchen und dem blaßblauen Kleid und der Schärpe im Rücken, die rauf- und runterfällt, wenn sie schaukelt, blaßblau ist keine Farbe für kleine Mädchen, macht sie anfällig und zerbrechlich wie Flämmchen, die nicht genug Nahrung kriegen. Und dann das Klettern des blaugrünen Strahls, das Hin- und Herklettern wie Mädchenbeine, die sich auf dem Spielplatz über blaugrüne Stahlgerüste hangeln, rasche, unschlüssige, magere Beine, die man brechen könnte, ein Knacken, aber das ist nur die Holzwolle, Schwesterchen, dieses Saugen und Knacken, das einem Angst machen könnte, aber wozu Angst, blaugrüne Angst, das ist doch längst vorbei, Angst vor den Händen, die deinen Kopf gegen die Wand schlagen, aus Zorn, weil die in die Hosen gepißt hast, Angst vor dem Geruch des blaugrün melierten Pullovers, in dem sich die Sehnsüchte unserer Mutter verfilzt haben, verdichtetes Gewebe, das nach Schweiß und Urin und billigem Parfüm stinkt.

Du mußt keine Angst mehr haben. Komm doch und schau, komm näher ran. Wenn ich es nicht will, passiert dir nichts, nur Vorsicht mit den Haaren, die sind wie elektrische Glühfäden. Hörst du jetzt, wie das Saugen umschlägt, sich auflöst in viele kleine Geräusche, die du sonst nie hörst, jetzt reden die Flammen mit dir, im Ernst, die Sprache versteh ich, das ist das Erotischste, was es überhaupt gibt, dazu noch das Sichwiegen und Sichzurücknehmen und Sichanbieten und Sichabwenden, das Vorpreschen und Überkippen, das ist das High, das du dir mit einem Kanister voll Benzin an jeder Tankstelle um die Ecke besorgen kannst, legal, und ein paar Streichhölzer oder das Feuerzeug eines deiner Freier, das mit dem Monogramm, den verschlungenen Anfangsbuchstaben, das er zum 50.

Geburtstag von seiner Firma geschenkt bekommen hat. Paß nur auf, daß du dich nicht damit verrätst, du darfst nichts liegen lassen, sonst finden sie dich gleich. Paß auf, daß der Rauch nicht zu dicht wird, dicht wie filzige Wolle, durch die nichts hindurch kann, die dich verrät, wenn du nicht schnell genug abhaust. Jeder kennt mich, Schwesterchen, die Zeitungen stehen voll von mir. Sie nennen mich Flammentänzer. Wenn es irgendwo brennt in der Stadt, kennzeichnen sie das Haus auf der Wandkarte mit einer blaugrünen Flamme, und die Stadt ist groß, und sie hat viele Häuser. Ich lauf von Osten nach Westen und von Norden nach Süden, leg mich nicht fest, hab nichts Bestimmtes im Auge, laß es kommen, das High, halt es fest, verlänger es, wenn es geht, und es kommt ohne Vorwarnung, ist plötzlich da, und ich nehm es an, hol einen Kanister mit Benzin von der nächsten Tankstelle, geh in ein Haus, einen Schuppen, ein Theater, einen Laden, und wenn ich die Stichflamme seh, wie sie hochkommt, dieser blaugrüne doppelte flash draußen und in mir drin, dann zieh ich mich zurück, gemessen und ruhig, lauf zum nächsten Spielplatz und seh den kleinen Mädchen beim Seilspringen zu und beim Rutschen und beim Wippen. Keiner weiß, daß das harmloses Vorspiel ist, nichts im Vergleich zu dem Flammentanz, auf den ich noch warte. Ich laß mir Zeit, das Material ist doch immer da, ich brauch es nur zu holen. Du mußt nicht denken, Schwesterchen, daß ich je zur Vernunft komm, Vernunft, das ist die tote Seite meiner Seele, jetzt deck ich die lebendige auf, die schillernde, die isabellfarbene. Keiner weiß, daß ich es bin, keiner kennt die Choreografie der Flammentänze, ich geh zurück, wenn sich die Menge zerstreut hat, steh immer am Rand der hellerleuchteten Schauplätze blaugrünen Flammentanzes. Meine Augen tränen, das kommt nicht nur vom Rauch. Ich lauf durch die Stadt und such mir Leute, denen ich das High verschaffen kann, das ich kennengelernt hab, ein High für die da drinnen in ihren Betten, damit sie wenigstens einmal etwas erleben, das ihren Wochenenden und ihren langweiligen Vormittagen den ersehnten Kick gibt, die Zacken, die ihren Puls höher schlagen lassen, die ihr Herz zusammendrücken und in einem Trommelwirbel wieder loslassen, die ihnen das Adrenalin durchs Blut jagen, das du brauchst, um nicht gleich jedem die Placebos mit Nembutal zu vertauschen, die ausgefransten Ränder in den Nächten, in denen sie auf das Klappern der Rolläden vor den Schlafzimmerfenstern horchen und auf das Quietschen der Windrädchen ihrer Kinder, ich schieb sie näher an die Ränder heran, an die sie sich nicht trauen, ich beweg ihre Sehnsüchte auf Abgründe zu, vor denen sie sich fürchten, und wenn meine Sehnsucht sich auflöst zu einem Flammenbild, das in mich reinfällt, mich stark macht, damit ich nicht wegkipp, dann hat sich der Aufwand gelohnt, dann ist der Wirbel, den sie um mich machen, in der Zeitung, bei der Polizei, gerechtfertigt, dann ist Sinn in dem, was ich tu.

Am Wochenende arbeite ich als Aushilfskellner. Ich trag mit erhobenem Arm auf Blechtellern flambiertes Eis und stell es vor die kleinen Mädchen, die beim Sonntagmittagessen sitzen, Pistazieneis und Pflaume. Ich beobachte, wie das zarte Flämmchen erlischt. Die kleinen Mädchen lieben den Flammentanz. Meist kann keines sein Eis mehr essen, sie lieben nur dieses tanzende Flämmchen auf dem Teller. Schwesterchen, warum fragst du nach unseren Sonntagnachmittagen. Wir waren in keinem Restaurant, und die Sonntage waren der Geruch nach angebranntem Toast und das Summen des Haartrockners, mit dem unsere Mutter ihre Wickler unter der gelblichen Plastikhaube föhnte, und das Schaben des Trockenrasierers und die Konturen des Mannes, der ihr die letzte Zigarette aus dem Bademantel holte, sie vor sich herschob ins Schlafzimmer, und das Umdrehen des Schlüssels im Schloß und dann Stille. Ich setzte mich neben den kaputten Toaster und kratzte das Verbrannte von den Weißbrotscheiben und bestrich sie mit Vierfruchtmarmelade, fingerdick, und immer wenn ich ein neues Stück Brot einschob, sprang eine kleine blaugrüne Stichflamme hoch, ich wartete auf sie, und wenn sie nicht kam, nahm ich das Brot raus und steckte es von neuem in den Apparat, immer wieder, bis die Flamme endlich kam. Immer warst du dabei. Einmal überredete ich dich, die Hand in die Flamme zu halten. Du tatest es, und du sahst mich an, als der Schmerz kam, mit diesen angstvollen weiten Augen, die kleine Mädchen haben, wenn sie sich hoch oben in der Schaukel festhalten oder auf der Wippe, in der sie hängen und mit den Beinen zappeln.

Seit ich den Job hab im Hafen, in dem sie das Dreckszeug aus Schadensfällen lagern, Material aus Fabriken, die ausgebrannt sind, Wasserschäden, seh ich dich öfter, wenn du dich mit deinen Freiern triffst. Wenn ich dir was von mir erzähl, hörst du nicht zu, ich sehs an deinen Augen, deren Pupillen durchsichtig sind. Was du hören willst, sind die Sachen aus unserer Kindheit, das ist doch längst vorbei, Schwesterchen, ich weiß kaum noch was. Es waren so viele Tage, so viele Nachmittage, an denen wir durch die Straßen zogen, wir gehörten auf die Straße wie die Ampeln und die Zebrastreifen und die Schilder an den Ecken, wir haben uns mit denen zusammengetan, die wie wir herumtrieben und klauten und wegliefen, eigentlich war das alles ein ewiges Herumgerenne und Herumgeirre, ich weiß nicht, was ich dir noch erzählen soll. Ich zeig dir lieber den

Schuppen, in dem ich arbeite. Der Vorarbeiter guckt weg, wenn ich mit dir durch die Halle geh. Er denkt, ich schieb dich irgendwo hinten gegen die Wand, das denken sie alle, und keiner findet was dabei.

Schau mal, Wasserschaden in einer Fabrik nahe beim Schrottplatz, Wagenladungen von Kerzen haben sie angekarrt, dicke, gedrehte, lange, schmale, in allen Farben, verbogen, zerbrochen, ein talgiger Haufen, unter dem Rattennester liegen. Da hast Angst, Schwesterchen? Soll ich dich wegbringen? Komm doch heut nacht. Ich werd zurückkommen, ich weiß, wie man in den Schuppen reinkommt, ganz leicht, das Fenster hinten ist nie verriegelt, komm doch mit. Wir ziehen uns fein an diesmal, denn zum Flammentanz macht man sich fein. Morgen werden sie sich ereifern und rätselraten und ein blaugrünes Fähnchen mehr in die Wandkarte stecken. Kerzen müssen brennen, wozu sind sie da. Ich brauch nicht mal Benzin, das Klicken des Feuerzeugs genügt, und ich hol mir die Hölle und bin mittendrin. Schon das Klicken des Feuerzeugs öffnet mir die Venen, mein Kopf ist dem Ansturm des Blutes nicht gewachsen, Schwesterchen, komm und hilf mir.

Michael Buselmeier

NOVEMBERABEND

Die alte Frau im Kasten
mit Hasenohren
bewegt die Lippen und weint -

dahinten im Kopf hab ich ein Loch.

Der Krebs im Wasserbecken
des Kaufhofs, rosa gesprenkelt,
hebt die gefesselten Scheren.

Staunen, fast Wahnsinn.
Weck-Rufe. Am Wegrand
der verlorene Schuh.

FINSTERNIS KALTES LICHT

Aufbruch weinst du
Blutschild
die Wörter prallen zurück
Lavabrocken
auf der Sciara del Fuoco

Sturmflut ich halte
das Geländer
des Wehrstegs fest
der langsam bricht
und stäubend einstürzt

Die blinden Vögel
in den Unterführungen
schreien wie Katzen
klatschen gegen die Kacheln

U-Boote tauchen ein
in den Schacht
die Stimme der Lokomotive
gurgelt

Ich hebe die Lider
weg

JUGENDSTIL

Am Ende der Anfang: Sprung
über brüchige Dächer, Metaphern
splittern den Brombeerhang abwärts,
das Echo der Hunde: nein,
ich bin frei!
                    das erste Lebewesen,
der Yeti, im unberührten Schnee
Spuren ziehend, die weltvergessende
Pracht der Entwürfe.

Da ist das Zimmer des Mädchens.
Was willst du mit deinen Tagebüchern
in Schönschrift, den Spieltieren
und kleinen Lügen, jetzt
                    da ich aufbreche?
Ihr versteht meine Bewegungen nicht.

Auf dem Rücken den grauen Deuter,
taumelnd die Treppen hinauf.
Schwingtüren, tote Büros,
noch lallen die Räuber
„wenn ich in meinem Plutarch..."
Stockwerk um Stockwerk aufschlagend
der endlosen Bibliothek.

TESTAMENT

Seid nicht traurig wenn ich sterbe
hindert mich nicht daran

Schraubt mich nicht in die Eiserne Lunge
reißt mir Schläuche und Kabel aus dem Leib

Legt die Messer und Scheren beiseite
gebt die geraubten Organe zurück

Schaltet die Monitore ab
die Pumpen die Blutflaschen

Schiebt das Beatmungsgerät zur Wand
und öffnet das Fenster weit in den Abend

Damit sich die Mauern nicht
mit einem Nebelring beschlagen

Die flackernden Warnleuchten erlöschen
fiepend das Röcheln verstummt

Nehmt dann die Schrift aus der Schublade
und lest die erste Seite laut die zweite

Sie gehört euch wie alles Tote das mitschwimmt
während ich im Schneetreiben den Paß überschreite

Erdtief die Aprikosenbäume witternd
mein Bild ja Mammuthaare im Eis

Johann Lippet

                und ob
fleck der nicht weichen will
schmerz der nicht reicht

fleck und schmerz

schmerz der nicht weichen will
fleck der nicht reicht

schmerz und fleck und will und reicht

BESCHREIBUNG EINES SPAZIERGANGS ALS ERINNERUNG AN EINEN TRAUM

(Auszug)

den weg gehen
den die disteln säumen
hüben und drüben
in der mitte der weg
staub aufeinandergeschichtet
aufgewirbelt vielleicht vor einer halben stunde
die fährte läßt sich lesen
gummischuh kinderfuß pferdefuß klaue
die spur der echse über dem staub
staub der zu körnigem sand wird
wenn es regnet
lassen sich sandburgen daraus bauen
waten den disteln entlang
auf den maulbeerwald zu
klopfen des ziesels
einmal schon zum dritten mal
wie trotz hört es sich an
sein buschiger schwanz gibt den lehmboden frei
er schlüpft
schreie ausstoßend als warnung
ins loch
ausgiebig hat er gegraben auch die notausgänge
den weg gehen auf den maulbeerwald zu
den staub zwischen den zehen
die angst an den fersen
ziesel beißt zu distel wirft vertrockneten kopf über den weg echse
kriecht speiend vorüber
dung pferde- und kuhmist
das heer der schmeißfliegen
grün schimmernd im sonnenschein summt
über den augen des toten kalbs
hat sich festgefressen in den nüstern des pferdes
das daliegt mit seinen vier beinen hochgestreckt

hat sich angesaugt am after und dem schlauch
nichts riecht mehr
nur der disteln trockene dornen
der ziesel vielleicht derselbe
sitzt aufrecht vor seinem loch
verschwindet mit dem grasbüschel zwischen den zähnen
die pflanze blüht blau
durch den maulbeerwald geht der weg
die bäume tragen früchte weiße rote schwarze
die gänsescharen erheben sich nicht
schnatternd schlafen sie
den maulbeerschnaps im kopf
der maulbeerwald
immer wieder beschnitten beraubt seiner äste
ruten stehen wie hilflose finger
über den knorrigen stämmen
wald dem genommen wurde das sich wiegen
das rauschen als ankündigung des sturms
maulbeerlandschaft
hohle bäume sich haltend in den rinden
keine eule aufzustöbern in ihrem tagesschlaf
keinen specht zu unterbrechen in seinem hämmern
das zischen des wiedehopfs nicht vernehmbar
rechts hinter den baumstämmen liegt der tümpel
hat sich gehalten
jedes frühjahr das schilfrohr grünen lassen
algen gezeugt und den fröschen unterschlupf gewährt
im schlamm über den winter
den laich sich ausbrüten lassen in der sommerhitze
bis sich die kaulquappen sammelten schwarmweise
am ufer
weitergehen
den weg gehen den die disteln immer noch säumen
der maulbeerwald geht in den maulbeerweg über
der ziesel ist wieder da
klopft nicht mit seinem schwanz
läuft kreischend über den weg
der geruch des tabakfeldes in der mittaghitze
gift soll man aus seinen blüten brauen können

eine windhose fährt über die wegkreuzung
wirbelt den staub in die ruten der maulbeerbäume
schwingt sich darüber
endet kreise drehend im kleefeld das linkerhand liegt
die pappelbäume an der wegkreuzung
lassen auch bei windstille ihre blätter spielen
die entscheidung nicht unter ihnen durchzugehen
ist schon längst gefaßt
den weg gehen
den feldweg einschlagen auf die erhöhung zu
in der mitte des weges die grasnarbe
und auch hier der zwiesel
geräuschlos unter der distel verschwindend
an der blüte des rotklees hängt die hummel
es geht hügelaufwärts
die landschaft ist nicht zu überblicken
das maisfeld fängt den blick ein
auch hier die fährte in der wegspur
rebhuhn oder fasan
im winter zieht hier der wildgänsepfeil über den himmel
sich vorstoßend im eintönigen schrei
rechts das stoppelfeld
es reicht bis zu jener staubwolke vor der ein traktor fährt
weitergehen
die landschaft ist da
liegt zu füßen dem blick bis zur horizontlinie
der kirchturm des nachbardorfes
dort reihen sich die telegrafenmasten regelmäßig aneinander
sie zeigen den verlauf der zugschienen an
es schließt sich der horizont
bis zum maulbeerwald
mais- und stoppelfeld abgegrenzt von der hecke
losgehen
bis zum teufelszwirn ist es noch
weitergehen wie losgehen
den teufelszwirn vor den augen
nun abwenden
blick zuwenden dem maisfeld
die kolben bersten in den blättern

die fahnen halten noch immer ausschau
bereit beim nächsten hauch
die last los zu werden die sie zum hängen zwingt
die windhose müßte hier einzug halten
übersäen die landschaft mit staub
in der linken wegspur weitergehen
eine eidechse flüchtet ins stoppelfeld
die schwarze erde geht über
in rötlichen sand
der tabak auf dem feld
der teufelszwirn ist da
drüben die allerleihecke
gerade aus gehen auf die trauerweide zu
weitergehen auf den horizont zu
mit dem trauerweidenwald verhängt
über die sandkreuzung gehen
das dunkle schlehengestrüpp
der schwarze sand des feldes auf der rechten seite
ist von rigolen durchfurchtet
wieder der zwiesel
die wegspur wechseln
die brücke ist schon sichtbar
darunter der kanal
beschreibbar ohne ihn zu sehen
weitergehen
nicht nach rechts und nicht nach links schauen
nicht vorwärts und den kopf nicht wenden
den weg vor den füßen sehen
gehen
die horizontlinie rechts und links
im rücken und vor dem gesicht
sich im kreis drehen
fallen
(...)

Gilbert Fels
HIN DURCH DIE BERGE / BERICHT

(Auszug)

Sah diese so breiten Flächen, gestaffelt zur Höhe, schließend mit je Kurve des Kammes; sehr weit. Alle sind graues Blau, blaß, doch ist jede weitre gehellt. Sie bilden eine Folge von Stufen, sind verschiedene Werte eines einzigen Tones; des Tons, den, der hinzukommt als letztes und hellstes Moment, Himmel selber aufweist. / Sonne noch früh. Kühl. / So begann das Gebirge. Südblick, aus Vorlandsgebiet. / Dann in ein erstes Tal.

Weg zunächst / dem nicht engen, nicht steilen auch, Tale gemäß; durch dies im Verlauf bestimmt: Bruch des schon starken Flusses durch erste, vorgelagerte Kette. Wie dieser verliert, so gewinnt die Straße, der Weg allmählich, gewunden eine geringe Höhe. Dann ist das Land wieder weit: kleine Ebene macht zu den folgenden Bergen Distanz. / Darin die Wege – ‚zuunterste' – direkt, gerade; wie auch schon der jenes Tales noch kaum im Tempo beschränkt. Tiefgelegen. Die größeren Orte verbindend.

Zu anderen Zielen: die Pfade – etwa: ein ‚Weg-hinauf'. / Der ist ganz abhängig von dem Gelände, das ihn enthält; verfährt nur mit Tendenz, nicht mit Geradlinigkeit. Es ist ein ‚kürzest' allein an Zeit orientiert, es ist ‚Umweg', Indirektheit zu einer Methode erhoben. / Steigt, schmal, nur stückweis zu überblicken in seinem Verlauf, knickt, geht quer, Steilstück in Serpentine, fällt, wieder: holt aus; alles kantig, hart; und beschaffen nach seiner Umgebung: uneben, rauh, allermeist. Solcher Weg überläßt ganz sich Terrain. / Sein Bild hätte das Aussehn von Riß.

Wolke, Wolkenloch, Berg / Grau-weiße Gefüge, bewegt, entwerfen die Landschaft aufs neu / beständig / reißen ziehen, um Gipfel, stehn, über Grund / erlauben den See, schließen ihn / verschieben im milden Winde ausschnittweise das Grün. / Anwesenheiten im Raum, Körper dem Blick, Durchsicht nur dort, wo sie fehlen: Wolken tändelnd entlang.

Stets je zwei Bilder getrennt durch Zeit, Weg. Wenn auch mitunter, so hier, nur gering.

Kahl, karg, karstig: ein Kamm. Ist, was durchs Wolkenloch steht: Stück Farbe, Stück festere Form. / Hat nicht lange Bestand; wird zerweht.

Gipfel. Rundum dieser klar gewordene Tag. Spät-Sommer-Sonne; zu Mittag, ohne zu brennen, voll Macht; der die Wolken nicht standgehalten. / Licht pur liegt auf dem reichen Relief, das in aller Richtung umgibt: konzentrische Kreise von Gipfeln um eben den einen; talunterbrochen, talineinandergeführt, addiert zu Ketten, zu Zügen, Gefügen in Raum. Selbst die nächsten schon fern. Großer Abstand zu all diesen anderen Bergen, über die Blick weit so weit, wie über Ebene geht. Und dem, wie dort, mehr als die Hälfte aus Himmel besteht. / ‚Freie Farbe', gewölbt? / Auf der Erde dies Oberflächen-Geschehn: eine Chromatik, ein Gefälle der Farben. Weg von der Sonne nach kälter und klar, sich in hellste Töne entfernend. Zu ihr hin, unter ihr: Glanz.

Hinter dem Alpenschluß: Wolkengeschiebe, ein Stau; beinah-geschlossene Schicht, gipfeltief. Darin Chiemsee, momentweis, verschwommen, eine Ahnung am Rande der Sicht.

Wilder Kaiser, der, entlang dieses Tages (und Weges hinab), alle Wolken/ Wildheit verliert, und vor dahinter versunkener Sonne Massiv, Silhouette wird.

Spät, in eröffneter Nacht: ein ‚Kaum-mehr', die Berge. Dunkles zu Dunkelheit; vag.

Entlang der Wege: die ‚Bilder-beim-Gehn' / Was umgibt, ist begriffen in steter Verschiebung. Ausschnitt, geändert, in, sozusagen geradem, Takt. Ihm brechen beständig die Ränder, bleiben zurück. Eindruck des ‚vorwärts', ,voran'. Doch stärker noch als an den Kanten hängt dieser Eindruck an Bewegung inmitten des Blicks, am Geschehen zentralerer Dinge: Vordergründe: sie bilden sich/sind erkannt / geraten näher, nah / nehmen, kurz, überhand / und sind passiert, längst abgelöst schon von andren. / So ist Ausschnitt nie der er schon war. Mit der Zeit sind seine meisten, seine sämtlichen Teile getauscht, mehrfach gar; und doch ist er stets vollständig, ganz. / Und in all dieser Sichtbarkeit vagabundieren die Blicke. Und Interesse, Zufall wählt aus, was sie genauer besehen.

Nah Sankt Johann. Breit hier das Tal. Anschliessend Hügel, Gebirge. Verborgener denn enthüllt. Regentag. / Unter Schleiern aus Nässe und Dampf sind erste Rücken nichts als umrissene Flächen; Weiden, in Regen-Grün. / Weiter, darüber, zurück beherrscht stürmendes Grau-in-Grau Höhe und Blick: Tumulte, geweht: Himmel, zerreißend, zerrissen, tief; sich aus Fetzen, Geweben massierend. Sporadisch Felsen-Momente, aus und durch das Gewölk; steingrau, jäh. / Regentag. / Abnehmend zu sehen. Denn um sich greift Nacht.

Wie des Morgens das Gehen beginnt. Licht sprunghaft noch wächst (bringt die Farben ins weißliche Frühste). / Weit jenseits des Talgrunds begleiten die Hänge gemessen und stet. Hänge, Hanggefüge des mehr denn taglangen Tals. Gemessen und stet, hügelweise, trägt diese Straße, feldwegbreite; geplant, angelegt noch von Rom.

Erneut (über) die Bilder beim Gehn. / Solchem Sehen verdanken sich viele der hier gesammelten Skizzen. Doch was da als einzelnes Bild gegeben, hat zum Ursprung meist viele Blicke; ist aus diesen ein Fazit, ein Schnitt. Denn das Gehn – man bedenke die Wege – erlaubt selten nur lange, selbstvergessene Schau. Aus einer Summe von Auf-Blicken also resultiert, was hier steht. Alle knapp. Der erste ein flüchtiges ,Ah-schau-an!-So'. Die weitern bestätigen manchen Aspekt, doch auch: sie verändern; ist ja ein selber Ausschnitt nie auch nur zweimal gesehn.

(Kurve; und: K.! Dort! Buschverborgen noch, teils, hügelbeschnitten, doch der turmgespickte, geschlossene Kern.

K., jetzt: freiere Sicht, zeichnen Details sich ab. Massiver, spitzhütiger Turm rückt vor ein Grün. Silhouette der Stadt.

K., jetzt: plastisches Bild, mäßig steil diese Hänge hinauf. Schieferdach-Grau, Putz, gelb-ockrig, Stein, Einzelnes bunt; unter höchstgelegnen zwei Türmen...

und so weiter. Kitzbühel.)

So stehn diese Eindrücke zueinander bestenfalls im Verhältnis von Variationen. Sind kurze Momente in Dauern; verschiedene, wenn auch verwandt. Bilden eine Sequenz. / Was also hier Fazit genannt, läßt sich lesen vielleicht als: das Konstante der mehreren Blicke. Als ihr Thema, Gehalt, schlicht als: was aus diesen Eindrücken blieb. Und da sie, für hier, niemals sämtlich zum selben sprechen, geraten die Skizzen – geraten und sollen sein – knapp.

Endlich das endende Tal stark verjüngt. Der Weg steil und in Wald auf den Paß.

Vis-à-vis: dunkler mächtiger Zug: Hohe Tauern; stehen dahin, steil, schwer, gerade. Barriere, vor Süd eine Wand. Täler wie Risse darin.

Blick aus einem davon – gehalten unter regen-bereitem Verschluß, abgeschottet von seiner Höhe, vom Blau – Blick zurück: auf mittäglich-besonntesten Hang. (Matten und Wald, gehn mit der Salzach entlang.) Satte Helligkeit fern. Blick ins Freie, aus Düsternis, aus einem verdunkelten Gang.

Präzision des Nach-Regen-Lichts: Farben der kurzgeweideten Böden sind zu Intensität, Reinheit gebracht: ‚sehr grünes Grün', unter dem Tannig der Hänge. Schärfste Kontur der Flanken, Blöcke, der Stürze. / Gischt schäumt blau-weiß exakt / matt milchgrün-zerdehnt ruhiger entlang / und wieder: stürzt ab der Bach. / Nur im noch tal-tiefen Himmel ist weichere Form.

Tal-entlang / ein zuunterstes Gehn; gleich, ob es steigt, ob es fällt. Und auf gewisse Art ist, wie es die Schritte schon sind, auch das Sehen geordnet. Struktur von Tal gibt dies vor.

Horizonte sind zu zwei Seiten nah. Blick erreicht sie schnell: querab, schweifend über Sohle, geneigte Böden zu Talhang, Flankenbeginn; überfliegend deren Stadien diversen Bewuchses; ist, in Hochwald, steil empor, in beträchtliche Höhe gelangt; mustert noch schmalen, stürzenden Rest – wo Stein dominiert – und sind die festen Dinge zu Ende. / Himmel dann.

Ader des Tals, Achse, gewunden/gerad – Bach, der gebildet, und der nun durchläuft – Blick solcher Achse entlang: ins Weite: größres Stück, größtes Stück Tals; bald bis in Mündungsgebiet. Horizont noch darüberhinaus. / Wenn nicht, zuvor, Knick dies versperrt.

Umgekehrt: Tal-auf. Wie sich die Hohlform verjüngt. Bis irgendwann Querhang, Talschluß einen Schnitt durch sie legt. Wie allenfalls, etwa als Keil, Riß, jenen entsendenden Berg stückweit hinauf Bach Bahn sich noch bricht. Dann ist es vorbei. (Wo am Berg beginnt/endet ein Tal?) / Falls nicht, zuvor, Knick all dies versperrt.

Licht durch diesen Tag: blau-durchschossner Beginn. Klarheit der Kälte. So hell. / Wolken-Teile, geordnet noch, steigen in Lee der Berge den Gipfeln zu; geraten dort, Beute, in Bahn der jenseits auffahrenden Winde; sind über die Kämme zu deren Verlängrung geblasen; sind, abgerissen, schnell vage gemacht; enden in Blau. / Fahnen, weiß – gebauscht, dann in Fetzen – hinweg.

Der Scharte zu. (Licht noch des letzten Bildes. So strahlend, so kühl.) Vor blauestem Himmel deutlich sie schon, ihre Linie, Kontur: Grat, und wie zum gezackten Konkav er sich senkt. Näher, höher hinauf / und / der Moment, da Scharte, Kamm über-sehen sind, außer Wirkung gesetzt als Horizont – vielmehr nun

– Blick in ein Herz des Gebirges – dies Gletscher- Wand- Gratlabyrinth, Ineinander von Schneeweiß und Gestein das Betrachtete stellt. In aller Vielfalt und Heftigkeit: Berge. Panorama, komplex. Solcher Reichtum an Ganzem; und Reichtum an Merkmal, Detail – dort sticht hervor, da setzt sich ab, gleitend geht über, geht gegen, kontrastiert scharf, erstreckt sich bis, fließt, endlich endet als – all das zuviel für ein Bild. / Nur noch dies:

daß, und wie, der nun gänzlich geänderte Himmel hell die in blassem Metall letzten gegen ihn stehenden Ketten endlich beschließt.

Gletscherzunge beleckt ein Delta, ein Watt. Milch, ist dem (verschütteten) Tor entströmt; steht dann in breitem, ebenem Bett, und armverschlungen um Bänke aus Sand und geringem Geröll; hält für dies kurze Stück eine Waagrechte ein, wie wohl erst wieder gen Ende der Fahrt. / Leise. Nicht lang. Ist schon zu Aufruhr gebracht, tost in Schaum und in Enge hinab.

Nun erst recht: Gletschergebiet. Eisiger Wind. Und Eisigkeit reißt/steht hangab, steilst; geht etliche Wände, geht aus mehreren Tälern herab; endlich, tief unten, in eins. / Alles beherrscht durch ein Abendlich-Blau. Zart bläulich nun der weich höchste Kuppen deckende Schnee. Bläulich Wächten, das Eis, wo steil es sich bricht. Und, stärker noch, dort so gefärbt, da es, spaltenschraffiert, ebener geht; wo unter Grus zweifach Blau – Eisfarbe und Farbe durch Tiefe – besteht. / Dazu Moränen, Gestein.

Es oft gesehn (Feldstecherblick): auf, reihum, diesen Gipfeln: Kreuze. Holz, drahtverspannt; Kreuze, Metall, fest in Fundament. Ausgesetzt allen Wettern; gezeichnet durch die. Christianisiertes Gebiet.

Der Himmel in Ost: spätes Blau. Fern, flach, gedehnte Wolkenbänke, hellrot. Schmaler Streifen Himmels nur zwischen diesen und Horizont; und! besteht der in lindem Grün, schilfig, hell. Seghers-Idee! Solcher Ton hinterlegt den Bergen und Bänken. / Damit beginnt eine Fahrt durch Farben: Himmel, nimmt Abendverlauf. Das Rot verfällt, glüht aus, schnell. Auch ein Stadium Violett dauert kaum. Rapide nehmen an Leuchtkraft ab, wie sie an nächtlicher Bläue gewinnen – dunkler und ausgekühlter – die Bänder. Wind dehnt sie nach Süd. Jenes Schilf ist dahin. / Bergfarbe beschränkt die Palette. Die Almen nun Blei, trüb-oliv, kaum abgesetzt von Schroffen und Wald. Dann, einher mit dessen Vergehn, der Verlust von Struktur. Bis endlich ähnlich gewordene dunkelste Töne den Horizont suspendieren. (Wann, wenn nicht jetzt, ist es Nacht?)

Bruch / Dies Nordgefüge – da Firn Höhen deckt und Eis-Fluß die Wände herab und bis tief in die Täler steht; die Wände selbst: abgründig, extremst vertikal – es liegt zurück; ist jetzt als ein Ganzes, im Zusammenhange gesehn. / Ist das eine. Ein andres ist / wie von hier Blick nach Süd, und auf Südlichkeit, geht: Absenz des Eises, allenfalls Spur. Und: geänderter Stein, schiefrig-morsch, hell unter spärlichem Pflanzen-Gelbgrün. Nun weite Lehnen, schroff nur in ihren Details. Knapper Steinsaum zur Höhe. Tal, beginnt, breit. Und weit, hinter andren und anderen Höhen, schon die Gebirge aus Kalk. / Ein besonderer Ort...

eine Konstante der Reise: Scharte, Übergang, Törl erreichen, passiern. / Erhöhte Orte, Punkte auf Scheiden, erlauben Über-Blicke in zweifach Gebiet. In was je jenseits der Scheide gelegen. Auf der Karte beliebige Punkte, doch ordnen sie Eindrücke stark. Von solchen Orten zerfällt das große Ganze der nähern Umgebung in immerhin zwei hauptsächliche Blocks. Ein Hintergrundsystem abgelöst durch ein nächstes – die Tonart gewechselt – und für einen Moment ist auf beide, von oben herab, Sicht, aus Distanz. Und zwar als aus einer Grenze und Mitte. Auf, ‚von hinten', das Alte, Durchschrittne, das schon in Graden bekannt: dies der Raum der letzten x Stunden, x Tage. Ein letzter Blick. Und dort! Das, was die Zukunft umgibt. / Eine Mitte in Zeit, so ist nun zu sehn. Punkt, der – und zwar Raum – zu ordnen erlaubt. / Und es wird eben solche Mitte zum Erleben von Bruch, wenn, wie meist es geschieht, Beschaffenheit und Struktur des Geländes sie tauscht.

Klaus-Martin Stürmer

VERMIEDENE ROSSE

1

Ein Abend. Wie gesagt.
Sperrangelweit an den
Dächern, in der Bresche
Kamine, gesprungen.

Vermiedene Rosse
knietief. Die
Fußgänger sind
herzusagen als Kehrvers

2

Das ermessen
die Lichtmaste.
Ihn aufzusagen

um sie zu vergessen.
Und der Bewegung eingefaßte
kalte Linien

UMZUG

die schritte gehen
auf und zu. fließt
wasser? vor

das andere ist
ein bein gesetzt.
brennt licht?

das wasser
fließt. die
schaffen ein stück
aus der welt.

brennt licht?
der herr hat
die fliege gemacht.
brennt licht?

ein/aus
land.
denen, die zählen.

ANLAGE

ach so. sie
ziehen ihren
schluß. aber

das kann man
nicht mehr hören.
das geviert ist

aufgeschnappt.
dahinter kommt
keiner. etwas

wird verhängt.
die stimmen
nicht. du

siehst wieder
aus. hier ist es
wie immer

AUTOREN

THOMAS C. BREUER, geb. 1952, lebt seit 1980 in Heidelberg. „Unbegabtenabitur" (Mittlere Reife) 1969 – danach als Roadie, Zivildienstleistender, Arbeitsloser, Buchhändler und Verlagsangestellter tätig. Zwischen 1980 und 1985 auch Verleger eigener Bücher. Seit 1977 Zusammenarbeit mit befreundeten Künstlern: Thommie Bayer, Lydie Auvray u.a.. Seit 1977 ca. 800 Auftritte zwischen Westerland/Sylt und Lienz/Osttirol, seit 1979 freiberuflich tätig; Rundfunkarbeit und Fernsehauftritte. Stipendium der Kunststiftung Baden-Württemberg 1983 (Literatur) und 1986 (Kleinkunst); Stipendium Förderkreis Deutscher Schriftsteller 1985.

Publikationen: „Wir, die wir mitten im Leben steh'n", zus. mit Th. Bayer, Trier (edition trèves) 1977 – „Lieder- Folk- und Kleinkunst-Reader" (Hrg.), Trier (trèves) 1978 – „Über Menschen und Unter Menschen", zus. mit Th. Bayer, Trier (trèves) 1979 – „Kulturschockschwerenot!", Trier (trèves) 1980 – „Der Schlechterdinger Bote", Zeitungsparodie, Heidelberg (Schlechterdinger Bote) 1980 – „Hotel Vaterland", Heidelberg (Schlechterdinger Bote) 1981 – „Müssen Bescheid wissen", Heidelberg (Schlechterdinger Bote) 1984 – „Exotick", Heidelberg (Schlechterdinger Bote) 1984 – „Säntimäntl's Reise", Roman, Siegen (Machwerk) 1986 – „Schnell Epoque", Reinbek b. Hamburg (Rowohlt) 1987 - „Huren, Hänger und Hanutas", Kriminalroman, Siegen (Affholderbach & Strohmann) 1987 – „Zick Zack", Gedichte, Rhodt u. Rietburg (Verlag Junge Literatur) 1988.

Tonträger: „Morgen beginnt der Krieg und der Trompeter kann sein Solo noch nicht", Prod.: Jürgen Slopianka, Hamburg (Metronome) 1980 – „Exotick", Prod.: Wolfgang Zinke u. Thommie Bayer, Bockenem (Rillenschlange) 1984.

JÖRG BURKHARD, geb. 1943 in Dresden, seit 1945 in den Westzonen, lebt in Heidelberg. 1968-84 Buchhandlung „fahrenheit 451" in Heidelberg. Veröffentlichungen seit 1962, seit 1984 fast ausschließlich mit „GELD general electric language districts (allgemeine elektrische sprachbereiche) unterwegs, lautsprecher-literatur, elektronische lautpoesie, live-hörspiel wird auf einem ambulanten winzigen sound-system aus z.z. 64 simultan laufenden spuren über primitive trenn- und mischpulte, joysticks, tasten, frei bewegliche tonköpfe performt."

Publikationen: „in gauguins alten basketballschuhen. gedichte und fotos", Heidelberg (Verlag Das Wunderhorn) 1978 – „julifieber. sommergedichte", Heidelberg (Wunderhorn) 1980 – „als ich noch der ultrakurzwellenbub war", Heidelberg (Wunderhorn) 1983 – „blackbox", Bern (Lichtspuren) 1987 – „muzak for killingrooms", Heidelberg (cracked eggs Xerox-Reihe) 1988.

Magnetbänder: „an alfa beten", Löhrbach/Odenwald (transmitter) 1983 - „magnetische sinfonie technische schatten 1", Heidelberg (GELD-tapes) 1984 - „GELD general electric language districts", München (verein für experimentelle musik) 1986 – „milbertshofen verlautbarungen", München (verein für experimentelle musik) 1987 – „fremdtext textfremd GELD", Heidelberg (GELD- tapes) 1989.

MICHAEL BUSELMEIER, geb. 1938 in Berlin, lebt in Heidelberg. Dort aufgewachsen, Ausbildung zum Schauspieler, Regieassistententätigkeit (u.a. bei Hansgünther Heyme), anschließend Studium der Germanistik und Kunstgeschichte in Heidelberg. 1972-76 Lehrtätigkeit an verschiedenen Hochschulen. Mitbegründer der alternativen Stadtzeitung „Communale".

Publikationen: „Das glückliche Bewußtsein. Anleitungen zur materialistischen Medienkritik" (Hrg.), Darmstadt u. Neuwied (Luchterhand) 1974 – „Nichts soll sich ändern", Gedichte, Heidelberg (Verlag Das Wunderhorn) 1978 – „Die Rückkehr der Schwäne. Neue Gedichte", Heidelberg (Wunderhorn) 1980, 1989 - „Der Untergang von Heidelberg", Frankfurt/M. (Suhrkamp) 1981 – „Radfahrt gegen Ende des Winters", Gedichte, Frankfurt/M. (Suhrkamp) 1982 – „Monologe über das Glück. Kleine Prosa", Essen (Rigodon) 1984 – „Heidelberger Reportagen" (Hrg.), Heidelberg (Communale) 1984 – „Auf, auf, Lenau!", Gedichte, Essen (Rigodon) 1986 – „Heidelberg-Lesebuch. Stadt-Bilder von 1800 bis heute" (Hrg.), Frankfurt/M. (Insel) 1986 – „Schoppe. Ein Landroman", Heidelberg (Wunderhorn) 1989.

HELLA ECKERT, geb. 1948 in Bremen, Studium der Germanistik und Anglistik in Heidelberg, lebt dort. Auslandsaufenthalte in England, Frankreich und Ostafrika. Veröffentlichungen in Zeitungen, Literaturzeitschriften und Anthologien.

GILBERT FELS, geb. 1956 in Stuttgart. Studium der Philosophie und Geschichte in Mannheim, lebt dort. Arbeitsstipendium der Kunststiftung Baden-Württemberg 1987.

DIETER M. GRÄF, s. „Herausgeber"

THOMAS GRUBER, geb. 1960 in Ludwigshafen/Rhein. Studium der Germanistik und Philosophie in Mannheim, lebt dort als Lyriker und Sprachlehrer. Lyrik im Rundfunk, in Anthologien und Literaturzeitschriften, u.a. in „Luchterhand Jahrbuch der Lyrik 1989/90"; „L'80", „kürbiskern", „Sprache im technischen Zeitalter". 1988/89 Anagrammaktion „drohbriefe anlaesslich des gedichtbandes GEFLUEGELTE BAEUCHE"; Anthologieprojekt „20/20" (zus. mit Dieter M. Gräf).

Publikation: „GEFLÜGELTE BÄUCHE, g~~e~~di~~c~~h~~t~~e etc.", mit zwei Kompositionen von Hans Reffert und fünf Aktfotos und einem Porträtfoto von Wolf Gutbier, Gestaltung: Dieter Wagner, Berlin (Edition Dieter Wagner) 1988.

CHRISTIAN HABEKOST, geb. 1962 in Mannheim, lebt dort. Studium der Anglistik, Germanistik und Politikwissenschaft in Mannheim und London, promoviert über „Dub Poetry". Auslandsaufenthalte in der Karibik (Jamaica, Trinidad) und den USA. Organisation von Touren mit „Dub Poets". Auftritte mit Kabarettprogrammen („Die Vordenker") und „Mannemer Dub" („Ranking Chako"), gelegentliche journalistische Tätigkeit, Texte in Anthologien.

Publikationen: „Dub Poetry. 20 Dichter aus England und Jamaica" (Hrg.), Neustadt/ Rbge (Buchverlag Michael Schwinn) 1986 – Mutabaruka: „First Poems. Gedichte aus Jamaica" (Hrg.), Neustadt/Rbge (Schwinn) 1987 – Levi Tafari: „Liverpool Experience" (Hrg.), Neustadt/Rbge (Schwinn) 1989.

ACHIM HARTMANN, geb 1958 in Mannheim, lebt dort. Texte in Studentenzeitschriften und in einer Lyrikanthologie.

STEFFEN HERBOLD, geb. 1961 in Mannheim, lebt dort. Studium der Germanistik und Philosophie in Mannheim und Waterloo/Ontario, jetzt Texter in einer Werbeagentur. Veröffentlichungen in Literaturzeitschriften und Anthologien. Jugendtheaterstück „Die Kinder sind fast immer am Ziel", Mannheim 1981; Einakter „Der Hut", Mannheim 1989. 1. Preis beim Nachwuchswettbewerb der Deutschen Phonoakademie, Sparte „Lied" 1983 („Herbold&Schnörr"); 2. Preis beim Mannheimer Kurzgeschichten-Wettbewerb 1988.

THOMAS HIRSCH, geb. 1964, lebt in Mannheim.

MONIKA KÖHN, geb. 1946 in Viernheim, Kindheit und Jugend in Mannheim, lebt als Malerin, Grafikerin und Lyrikerin in Baden-Baden und Landau. Lyrik u.a. in den Luchterhand-Jahrbüchern der Lyrik 1987/88, 1988/89, 1989/90, in „Akzente" und „Die Zeit", sowie im Rundfunk. Freie Mitarbeit bei Zeitungen (Literatur und Bildende Kunst) und beim Funk (SWF II). Ausstellungsbeteiligungen. 1. Preis beim Mannheimer Lyrik-Wettbewerb 1985; Baldreit-Stipendium der Stadt Baden-Baden 1988/89; Baldreit-Preis der Stadt Baden-Baden 1989.

Publikation: „Cézanne ist verschwunden", Gedichte, Karlsruhe (Info Verlag) 1989.

WOLFGANG KRÄMER, geb. 1958 in Hockenheim, lebt als Beamter in Mannheim. Veröffentlichungen in Literaturzeitschriften, u.a. in „das nachtcafé".

GELA KRAMB, geb 1951 in Ludwigshafen/Rhein, lebt dort. Studium der Germanistik und Politologie in Hannover und der Kunstgeschichte und Ethnologie in Heidelberg. Eineinhalbjähriger Frankreichaufenthalt (Burgund, Paris). 1976-78 Produzentengalerie in Bad Dürkheim, seit 1986 Galerie „Einhorn" in Ludwigshafen (zusammen mit Gilbert Kramb).

Publikation: „POINTS DE VUE... ...VIE", Zeichnung: Bea. Gschwend, Heidelberg 1989.

JOHANN LIPPET, geb. 1951 in Wels/Österreich, lebt in Heidelberg. Studium der Germanistik und Romanistik in Temeswar/Rumänien 1970-74, Deutschlehrer 1974-78, Dramaturg am Deutschen Staatstheater Temeswar 1978-87. Seit Juni 1987 in der Bundesrepublik. Veröffentlichungen in Zeitungen, Zeitschrifen und Anthologien, in Rumänien, der BRD und der DDR. Preis für Debüt des Schriftstellerverbandes der S.R. Rumänien 1980; Adam- Müller-Guttenbrunn-Förderpreis 1980 (Prosa); Adam-Müller-Guttenbrunn- Literaturpreis 1983 (Lyrik).

Publikationen: „biographie. ein muster", Poem, Bukarest (Kriterion) 1980 – „so wars im mai so ist es", Gedichte, Bukarest (Kriterion) 1984.

RAINER RENÉ MÜLLER, geb 1949 in Würzburg, lebt in Heidenheim und Heidelberg. Studium (Theologie, Germanistik, Französisch, Philosophie; Kunstgeschichte) in Freiburg i. Br. und Heidelberg. Lyrik in Zeitungen, Zeitschriften, Anthologien und im Rundfunk. Als künstlerischer Leiter der Städtischen Galerie in Schwäbisch Hall seit 1983 zahlreiche Beiträge zur zeitgenössischen Kunst; Reise- und Vortragstätigkeit. Seit 1988 Direktor des Kunstmuseums und der Galerie der Stadt Heidenheim. Leonce-und-Lena-Arbeitsstipendium der Stadt Darmstadt 1983; Aufenthaltsstipendium des Berliner Senats, Literarisches Colloquium 1984; Arbeitsstipendium des Deutschen Literaturfonds.

Publikationen: „Lieddeutsch", Gedichte, Schwandorf (Desire & Gegenrealismus) 1981 – „Augen", Gedichte, Büdingen-Düdelsheim (pawel pan presse) 1983 - „Versuch über Augen", Gedichte, Stuttgart (Verlag Mario Haith) 1984 – „Rückzug ins

Helle", Gedichte, Bilder: Max Neumann, Stuttgart (Haith) 1985 -„Kreuzungen / Sturzfigur. Zeichnungen – Gedichte – Fragmente", zus. m. Robert Schad, Stuttgart (Haith) 1986 – „Friedemann Hahn – Zeichnungen. Mit Originalbeiträgen von Rainer René Müller", Sinsheim (Galerie Birgit Terbrüggen) 1986 – „Sieben Gedichte", Radierungen: Hans Steinbrenner, Bremen (Galerie Katrin Rabus) 1986.

BRIGITTE SCHROEDER, geb. 1968 in Mannheim, lebt „ohne Beruf" in Viernheim. Lyrik und Illustrationen in Independent-Zeitschriften. Mit-Organisatorin von Underground-Festivals in Mannheim („Aktionskommando Hirnsegel"). Die Publikation „Mama-Mama. Kunst" und das Zeitschriftenprojekt „Das Schöngeist" sind in Vorbereitung.

KLAUS-MARTIN STÜRMER, geb. 1955 in Mannheim, lebt dort. Verheiratet, eine Tochter. Studien, seither erwerbstätig.

HANS THILL, geb. 1954 in Baden-Baden, lebt seit 1974 in Heidelberg. Lyrik u.a. im „Luchterhand Jahrbuch der Lyrik 1989/90".

Publikationen: „Gelächter Sirenen", Gedichte, Heidelberg (Verlag Das Wunderhorn) 1985 – „Punktzeit. Deutschsprachige Lyrik der 80er Jahre", Hrg. zus. mit Michael Braun, Heidelberg (Wunderhorn) 1987 – – Übersetzungen aus dem Französischen (Ivan Goll, Guillaume Apollinaire, Hubert Nyssen, Jean Carrière, Fawsi Mellah).

MARKUS R. WEBER, geb. 1963, lebt in Mannheim. Lyrik und Prosa in Literaturzeitschriften und Anthologien. Herausgeber der Zeitschrift „Goethes Rächer".

JÜRGEN WÖHL, geb. 1961 in Karlsruhe, lebt dort. Studium der Germanistik und Romanistik in Mannheim. Veröffentlichungen in den Mannheimer Zeitschriften „Transmitter" und „Goethes Rächer".

HERAUSGEBER

DIETER M. GRÄF, geb. 1960 in Ludwigshafen/Rhein, lebt dort. Aufenthalte in München, Berlin und Selk b. Schleswig. Lyrik im Rundfunk, in Anthologien und Literaturzeitschriften, u.a. in „Park", „litfass" und „bateria"; Kritiken + Aufsätze.

Intermediale Publikationen + Projekte, darunter „Der Gummibär" (zus. mit dem „Buero für angewandten Realismus"), Mannheim 1988. Anthologieprojekt „20/20" (zus. mit thomas gruber). Arbeitsstipendium des Kultusministeriums Rheinland-Pfalz 1989.

Publikationen: „mein vaterland", Gedichte, Gestaltung: Dieter Wagner, Berlin (Edition Dieter Wagner) 1985 – „niederLande, SPÄT", Gedicht, Radierung: Günther Wilhelm, Ludwigshafen/Rh. (Galerie Hartmannstrasse 45) 1987 – „Die Wiese auf Scherben. Gedichte und Ausschnitte / Scharfe Wiese. Bilderscherben", Siebdrucke: Motz Tietze, Mannheim (Motz Tietze) 1988 – „Beine hoch Amerika. Hörtext", Gestaltung: D. Wagner, Berlin (Wagner) 1988 – „AUS-/Schnitt", Gedichte, Gestaltung: Doris Preußner, Offenbach a.M. (Unica T) 1989.

Alle lieferbaren Titel der edition walfisch:

1 Angelika Koller „DIE REISE NACH BOLOGNA“ Gedichte DM 16,–

2 Matthias Ulrich „DER BELGIER“ Erzählungen DM 20,–

3 Elmar Schenkel „IN JAPAN“ Reisetagebuch DM 20,–

4 „STUTTGART – MÄRCHENHAFT“ Erzählungen R. Brouwer/M. Ulrich (Hg.) DM 20,–

5 Thomas Kade „LANDSCHAFT MIT STEHGEIGER Gedichte DM 20,–

6 Elmar Schenkel „BLAENAU FFESTINIOG“ Erzählungen DM 20,–

7 „FRANKFURT TANZT DEN TANGO“ Erzählungen M. Pesch/W. Rüger (Hg.) DM 30,–

8 Michael Hamburger „VERLORENER EINSATZ“ Erinnerungen DM 35,–

9 Volker Koß „AUF DER LANGEN WEISSEN WOLKE“ Reisetagebuch DM 20,–

10 Franz Baermann Steiner „FLUCHTVERGNÜGLICHKEIT“ Aphorismen DM 30,–

11 „ANSTIFTUNGEN“ Tübinger Lesebuch B. Heiderich (Hg.) DM 25,–

12 Carmen Kotarski „SPANISCHES ABC“ Gedichte DM 25,–

13 „DIES KNISTERN HINTER DEN GARDINEN“ Göttinger Lesebuch H. Platta (Hg.) DM 30,–

14 Matthias Ulrich „DIE VERZÖGERUNG“ Roman DM 25,–

15 Rüdiger Hipp „HERZLICHKEIT FÜR MILLIONEN“ Sprachglossen DM 20,–

16 „ZUCKUNGSBRINGER“ Neue Literatur Rhein-Neckar D.M. Gräf (Hg.) DM 20,–

17 Elmar Schenkel „MASSACHUSETTS“ Reisetagebuch DM 25,–